高等职业教育理实一体化规划教材·电子商务专业

U0830916

网络营销实务

孟昊雨　主　编

池　宁　曾步植
梁国喜　施文钢　副主编

電子工業出版社

Publishing House of Electronics Industry

北京·BEIJING

内 容 简 介

本书介绍了网络营销的基本原理与技巧，重点介绍围绕搜索引擎排名开展的传统网络营销技能以及围绕移动社交网络开展的新型网络营销技能，结合实际案例与营销软件对网络营销在真实商务活动中的应用进行阐述。

本书既涵盖了B2C、C2C电子商务平台销售、搜索引擎营销、网络广告营销、电子邮件营销等传统主流网络营销方式，又深入阐述了微博、微信等新兴移动社交网络营销方式。同时本书站在营销者角度介绍分析了网络支付、商家接入、物流配送以及网络经营中相关的法律法规。

本书职业特征鲜明，逻辑清晰，形式生动活泼，适合作为高职院校电子商务专业学生相关课程的教材，也可作为网络营销爱好者的参考资料。

图书在版编目（CIP）数据

网络营销实务 / 孟昊雨主编. -- 北京：电子工业出版社，2014.9
（高等职业教育理实一体化规划教材·电子商务专业）
ISBN 978-7-121-24139-0

Ⅰ.①网… Ⅱ.①孟… Ⅲ.①网络营销－高等职业教育－教材 Ⅳ.①F713.36

中国版本图书馆CIP数据核字（2014）第191754号

策划编辑：徐建军（xujj@phei.com.cn）
责任编辑：郝黎明
印　　刷：三河市双峰印刷装订有限公司
装　　订：三河市双峰印刷装订有限公司
出版发行：电子工业出版社
　　　　　北京市海淀区万寿路173信箱　邮编 100036
开　　本：787×1 092　1/16　印张：12　字数：307.2千字
版　　次：2014年9月第1版
印　　次：2016年12月第3次印刷
印　　数：3 000册　　定价：29.00元

凡所购买电子工业出版社图书有缺损问题，请向购买书店调换。若书店售缺，请与本社发行部联系，联系及邮购电话：（010）88254888，88258888。

质量投诉请发邮件至zlts@phei.com.cn，盗版侵权举报请发邮件至dbqq@phei.com.cn。

本书咨询联系方式：（010）88254570。

PREFACE 前　言

在我国，互联网已经像有线电视和无线电话一样成为一项非常重要的基础设施，电子商务已经成为人们的生产、生活的一部分，通过互联网进行商品的营销正成为一种时尚，也成为企业市场转型的主流方向。网络营销已经成为高校的各大专业纷纷开设的热门课程。

随着人们网络购物规模化的形成，越来越多企业将市场向网络转移。不管是主动的还是被动的，电子商务已经逐渐成为了人们工作生活中不可或缺的一部分。在各类企业纷纷将自己的市场从传统市场向网络市场转移过程中，具备网络营销技能的人才成为企业争相追逐的对象。而“网络营销”也成为电子商务专业中的一门非常重要的核心课程。

“网络营销”在电子商务专业中是一门知识复合性和实践性很强的专业核心课程。当前各类市场与互联网上关于“网络营销”的书籍、资料很多，但是真正可用于指导学生进行相关理论学习与实践的优秀教材少之又少。有的教材把重点放在了网站开发上、有的教材把重点放在了网店管理上，也有的教材只是简单地把计算机互联网技术内容与市场营销内容进行简单的合并就构成了“网络营销”教材，这样既不能把互联网技术与营销有机地结合，也不能给学生实践以真实感的指导。另外，由于网络营销技术从最初的网页形式 B2C、C2C 网站到之后的搜索引擎营销，发展到当前围绕微博、微信的移动社交网络营销，技术更新速度非常快，而几年前的网络营销教材基本上很少对移动社交网络营销有作深入阐述的。

本书教学目标重点在于使学生全面了解和掌握当前网络营销最新的方法、技术和活动规律；培养学生能针对网络营销目标分析、策划出一整套网络营销方案，掌握通过实施和评估使网络营销目标的访问量、搜索结果排名、转化率等评估数据显著上升的网络营销实战方法；培养学生的沟通、团队协作、分析问题、解决问题等综合能力。教会学生通过分析、策划、实施、评估，从而实现网络营销目标转化率提高，日均访问量增长，搜索引擎关键词搜索排名上升，谷歌 PR 值、搜狗 SR 值等网络运营数据的提高。

本书共 14 章，章节依据 2～3 课时为教学单元设计，便于教师教学设计和实施。本书在内容上的安排如下。

第 1、2 章主要围绕“网络营销的基本概念”和“营销者角度的网络营销”进行网络营销基本概念的阐述，以及当前网络营销相关平台应用的简单介绍。

第 3～7 章主要围绕“网络广告营销”、“搜索引擎营销”、“邮件营销”、“病毒营销”、“论坛营销”等传统主流网络营销的概念和技巧进行深入的讲解和分析。

第 8～10 章主要围绕“博客营销”、“微博营销”、“微信营销”等新型移动社交网络营销的概念和技巧进行讲解和分析。

第 11 章主要围绕当前网络营销经常用到的推广平台和网店平台进行介绍，并介绍了如何选择适合网络销售的产品。

第 12 章主要介绍网络营销主流的网络支付方式，以及网络经营中的物流配送相关知识点。

第 13 章主要是对网络营销所必备的互联网技术原理和概念进行阐述。

第 14 章主要是针对“网络营销实务”课程相关的知识点和技能点设计出结合真实项目的综合实践教学环节，老师通过真实的工作流程、真实的考评参数进行真实实践管理，可解决传统电子商务教学中遇到的问题，使学生的综合能力得到有效提升，取得满意的教学效果。

附录 A 主要是介绍网络经营中必然会遇到的相关法律法规知识。

本书由温州职业技术学院的孟昊雨老师担任主编，负责总体策划和制定编写大纲，并负责第 3~7、9~13 章内容的编写。由浙江东方职业技术学院的池宁、温州科技职业学院的曾步植、温州职业技术学院的梁国喜和民生证券法规法律管理总部的施文钢担任副主编，其中池宁负责第 8 章内容的编写，曾步植负责第 1 章内容的编写，梁国喜负责附录 A 内容的编写，施文钢负责第 2、14 章内容的编写。全书由孟昊雨统稿。参加编写工作的还有温州职业技术学院胡林娜、王璋。

本书体现了作者团队近年教学改革积累的经验，作者团队也花费了大量的时间和精力进行材料收集、整理、内容编写。编写期间参考了许多线上线下他人的成果和经验，未能对所引用的内容来源一一指出，在此一并表示衷心的感谢。

为了方便教师教学，本书配有电子教学课件及相关资源，请有此需要的读者可登录华信教育资源网（www.hxedu.com.cn）注册后免费进行下载，如有问题可在网站留言板留言或与电子工业出版社联系（E-mail:hxedu@phei.com.cn）。

由于时间仓促、水平有限，难免存在疏漏和不足，恳请同行专家和读者能给予批评和指正。

编　者

CONTENTS 目　录

第1章

网络营销概述

1.1 网络营销的概念

网络营销（E-Marketing）就是以国际互联网为基础，利用数字化的信息和网络媒体的交互性来辅助营销目标实现的一种新型的市场营销方式。简单地说，网络营销就是以互联网应用技术为主要手段进行的，为达到一定营销目的的营销活动。

1.1.1 网络营销经典案例

2013 年双 11 电子商务购物节。11 月 11 日称为双 11，双 11 在传统观念中理解为光棍节。但是近几年随着电子商务的发展，双 11 已经被国内各大电子商务平台包装成了一个电子商务购物节。在双 11 当天，各大电子商务平台都会推出大量优惠促销活动，特别是天猫、淘宝、京东商城、苏宁易购等国内主要电子商务平台成为双 11 的主要推手，双 11 俨然成为了电子商务界的顶级盛宴。下面以双 11 天猫购物狂欢节活动为例进行分析说明。天猫双 11 购物狂欢节页面如图 1.1 所示。

图 1.1　天猫双 11 购物狂欢节页面

1. 双 11 天猫业务分析

2013 年 11 月 11 日下午 1 点 04 分，天猫双 11 成交额突破 191 亿元，仅用 13 小时就完成去年全天交易额。双 11 晚上 8 点，就有 14 个单店销售过亿元。单店冠军属于小米手机，成交额突破 5 亿元。到 11 月 12 日零点，天猫数据直播室的支付宝成交额数据定格在了 350 亿元，刷新了我国网络购物的记录，再次超过去年美国网络星期一成交额（120.8 亿元人民币）。

2. 双 11 天猫物流分析

2013 年 11 月 11 日，在微博上，有一位网友说下单 10 分钟就收到了货。据菜鸟网络数据，11 日每一分钟 9.8 万个包裹，到下午 5 点，包裹数已经过亿，申通、圆通、韵达排前三位。24 小时内可交货的包裹会有 600 万件。

3. 双 11 终端设备分析

每四笔成交有一笔来自手机。双 11 早上 7∶35 分，手机淘宝的整体成交额突破 20 亿元。双 11 日下午 4 点，手机淘宝的成交笔数已经占到双 11 当天整体成交笔数的 24%，而 2012 年这个数字大概在 5%左右。手机淘宝总访问量将突破 1.2 亿人次以上，是 2012 年的 7～8 倍。

1.1.2 主流网络营销技巧介绍

以当前主流互联网应用来划分的话，网络营销又可以分成搜索引擎营销、邮件营销、论坛营销、网络广告营销、博客营销、微博营销、微信营销等。下面就以上营销手段做简要介绍，详细内容见后续章节。

1. 搜索引擎营销

搜索引擎营销主要为依靠搜索引擎进行推广和产品营销。针对不同的搜索引擎平台，营销手段方式也稍有区别。以百度为例，分为“推广链接”和“搜索引擎优化”，前者依赖于广告投资的合理性，后者依赖于网络优化技术。如图 1.2 所示的百度搜索引擎搜索结果页面中灰色背景的 3 个链接和右部 5 个链接就是百度推广，而之后的搜索结果自然排名则是各大网站搜索引擎优化的结果。

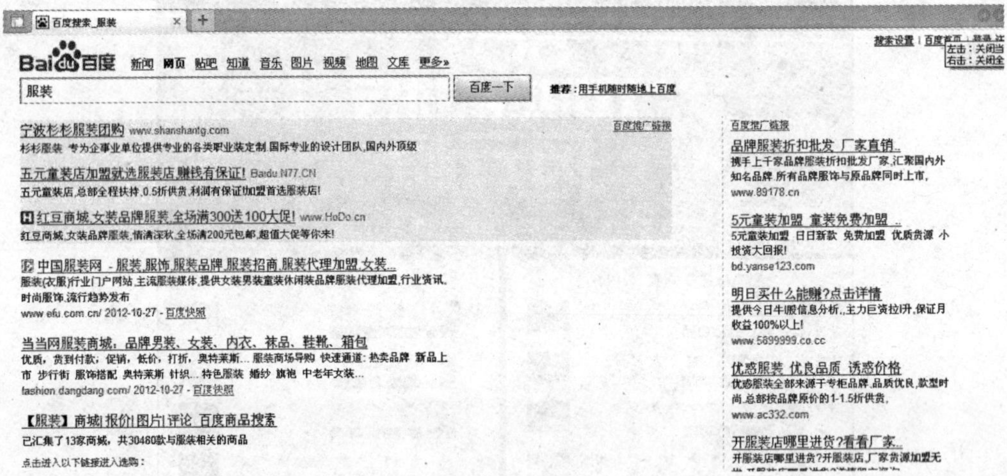

图 1.2 百度搜索引擎搜索结果页面

2. 邮件营销

邮件营销是当前企业从事网络营销中使用率最高的营销手段，原因在于其技术含量低，容易上手，且效果也还马马虎虎。虽然邮件营销的转化率一般为1%，但其具有超低成本的优势，一般1万份邮件成本仅为200元。所以如果操作得当，其营销效果还是令人满意的。如图 1.3 所示为京东商城某营销邮件单页。该图为电子邮件营销的一个实例，是京东商城网站群发给自己注册用户的一次邮件营销活动。

图 1.3　京东商城某营销邮件单页

3. 论坛营销

论坛营销是以各类专业论坛或者地区论坛为平台，在与营销商品相关的版块进行发帖、跟帖等有策略的营销活动。如图 1.4 所示为针对“温州首届台湾美食节”招商的一次论坛营销活动，如图 1.5 所示为某论坛举办两个专题活动的营销页面。此类营销技巧重点在于平台及人群选择及活动的策划和实施。

图 1.4　某论坛营销页面

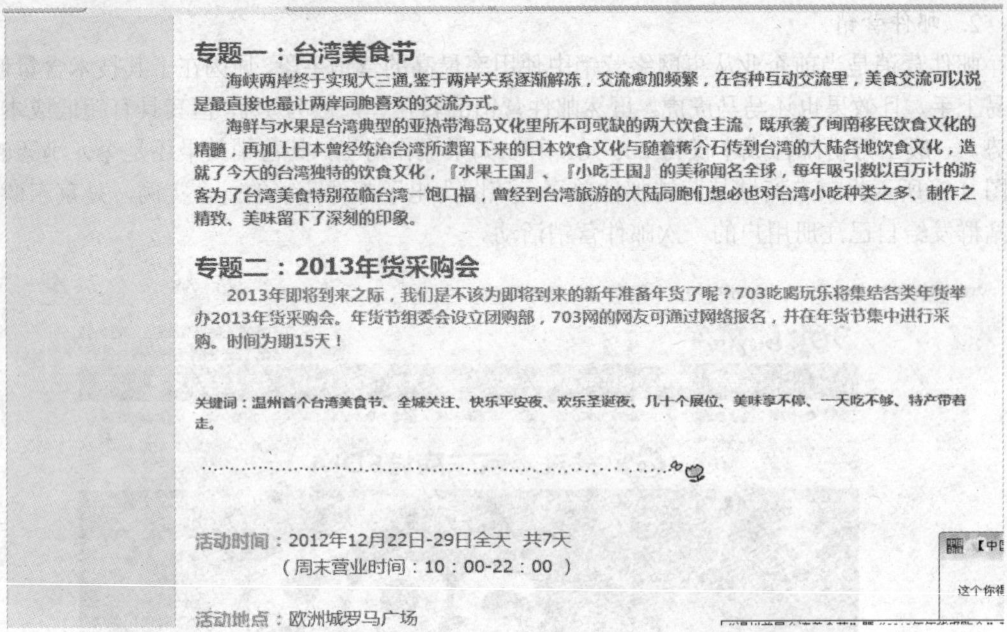

图 1.5 某论坛营销页面

4. 网络广告营销

网络广告营销就是利用第三方平台的各类图文、动画信息进行的广告宣传。它分为固定位置广告、用户推送广告、广告联盟等不同分类，其收费模式有按包时段收费、按单击量收费、按交易提成收费等不同模式。

如图 1.6 所示为新浪首页广告，其中包含了 BANNER 横幅广告、对联广告、文字广告、图片分帧轮播广告等。是一种典型的固定位置广告。

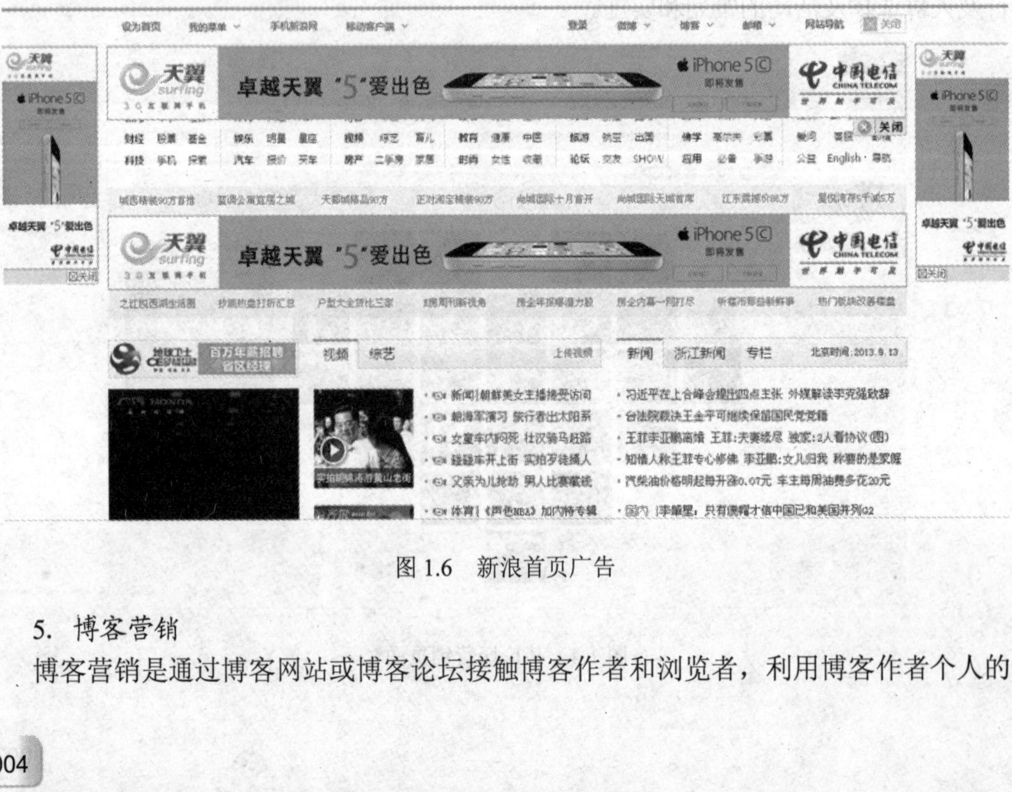

图 1.6 新浪首页广告

5. 博客营销

博客营销是通过博客网站或博客论坛接触博客作者和浏览者，利用博客作者个人的知识、兴趣和生活体验等传播商品信息的营销活动。如图 1.7 所示为某知名博客首页。

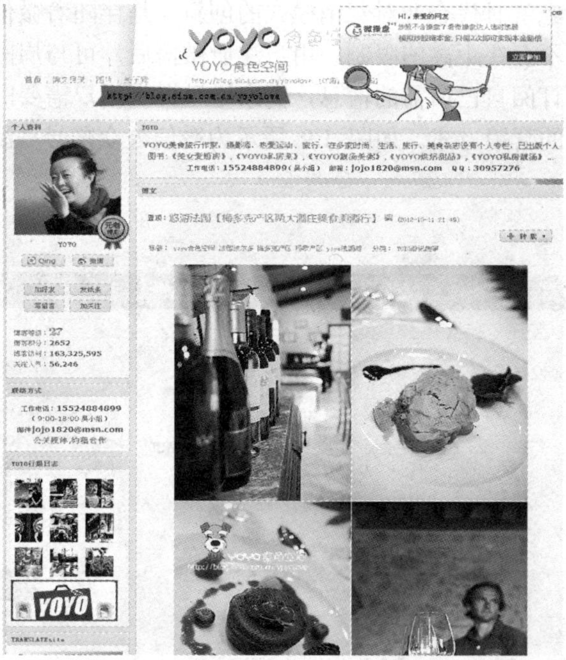

图 1.7　某知名博客首页

该博客博主是位美食作家、职业摄影师、网络超人气美食达人。该博客单击量过亿，拥有众多粉丝。

6. 微博营销

如图 1.8 所示为某知名微博，是北京一博友著名的美食类介绍微博，该微博拥有粉丝 22 万多人，共发表微博 11460 次，是一个不错的微博营销案例。

图 1.8　某知名微博

7. 微信营销

微信营销是网络经济时代企业对营销模式的创新，是伴随着微信的火热而产生的一种网络营销方式。微信不存在距离的限制。用户注册微信后，可与周围同样注册的“朋友”形成一种联系。用户订阅自己所需的信息，商家通过提供用户需要的信息来推广自己的产品。这是一种点对点的营销方式。如图 1.9 所示为微信公众账号“温州乒乓球爱好者”的后台管理界面。

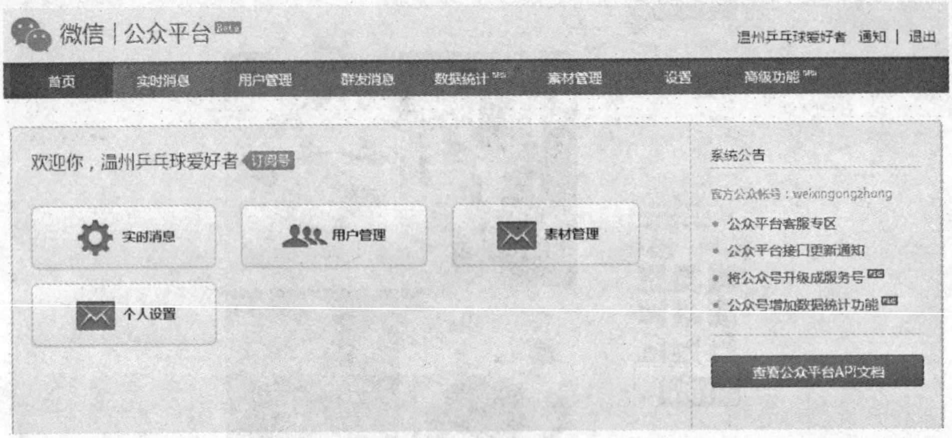

图 1.9 微信公众平台后台首页

以上网络营销技术将在本书后面的篇幅中逐一介绍。

1.2 网络营销的特点

由于网络营销依托于国际互联网为平台，因此伴随着互联网的各类特点，网络营销也具备了其特有的属性。

1.2.1 跨时差性和跨地域性

相对于传统市场营销朝九晚九的 12 小时固定时间模式，网络营销利用用户浏览的便利性以及全球不同地区的时差，从而使得 24 小时经营成为可能。企业有了更多时间和更大的空间进行营销，可以 24 小时提供全球性营销服务。

1.2.2 信息的多样性

网络营销中传递的信息被设计成多种媒体形式，如文字、图像、声音、视频、动画，甚至三维仿真等信息，相对传统媒体，用户可以更加详细地了解商品的各类性能属性，使得很多远程交易成为可能。

1.2.3 交互性和纵深性

在网络营销中，营销者通过展示商品图像，并使用商品信息资料库提供有关的查询，来实现与客户的互动与双向沟通。客户可以通过广告图片进入产品详细列表，进而将选中的商品拖入购物车，最后在线电子支付，从而实现从售前、售中、售后一站完成，享受到一条龙网上服务。

1.2.4 个性化

由于网络营销经常出现营销者与消费者一对一沟通的情景，而同时与营销者交互的消费者之间信息是不对称的，这使得提供个性化定价和服务成为可能，使得营销者的营销效率得到最大利用。

1.2.5 狭隘性

虽然通过互联网进行营销，使得产品面向的范围更广了。但是对于一些不上网的特殊群体使用的产品就无能为力，如老年人用品。当然，也可通过针对性相关人群的营销实现间接的交易，例如针对老年人用品，可通过他们子女的礼品营销模式实现间接营销。

1.2.6 低成本性

网络营销通过互联网进行信息交换，相对传统媒体营销，网络营销可以减少印刷与邮递成本，可以无店面销售，无仓储，免交租金，节约水电与人工成本；另一方面可以减少中间商带来的利润分摊。

1.2.7 技术性

网络营销成功与否主要依赖于营销者对当前主流互联网信息平台的一些技术规律的了解，在此基础上进行一系列宣传、推广。且营销者必须能实时跟踪分析流量、来源、PR 值等各类技术参数，不断改进营销手段，最终实现高效率的网络营销。这对网络营销者提出了更高的技术要求，因此网络营销是一门综合计算机网络技术与市场营销知识的复合型课程。

1.3 消费者喜欢的功能与服务

正如有人开网店选择淘宝，有人做微博营销选择新浪微博，网络营销必然是基于某种网络平台的。不管选择哪种网络平台，都会拥有一块属于自己的网络营销窗口（本书中统称为窗口），而这块窗口所提供的功能和服务是否为消费者所喜爱，将直接影响到的营销业绩。从消费者角度观察窗口的功能、服务，可以使得我们的网络营销思路更加清晰，营销效率更高。那么，具备什么样的功能和服务的窗口是消费者所喜爱的呢？

1.3.1 定位明确、主题清晰、内容专业

根据所销售的产品所属行业或者类别找准窗口定位。例如，文化类产品的网络销售就比较适合做博客营销或者独立的社交类网站模式营销，因为此类消费者一般比较注重网站的一种文化氛围，需要网站提供比较强大的网络交流功能，在文化交流中产生购买冲动，这是淘宝天猫类平台所不具备的。

围绕清晰的主题搭建的内容将会显得更加专业，可以让消费者更加感觉到窗口的专业

性，在交易过程中提升信用度。

1.3.2 内容管理合理归类、相互关联

就像一个网站的成长一样，窗口内容会随着网络经营的发展不断增加，大量的内容应该围绕关键词清晰地进行分类，并且做好关联链接。例如：在一幅展示某款牛仔裤的页面中，至少应该将其他推荐的牛仔服装、休闲裤等与该产品关键词相关联的商品网页链接做在网页的显著位置，这样可以增加消费者在窗口的停留时间、提高消费者的日 IP 访问网页数量。

1.3.3 合理的首页布局

其实所有页面都应该合理布局，但相对于其他页面，首页布局显得最为重要。窗口的首页布局应该简洁明了。

以一个长度为 3 屏的淘宝网店首页为例，纵向第一屏应该陈列的是站内导航、热点链接、最为吸引客户的热销产品或者促销活动；第二屏应该陈列的是各分类中最新款的产品；第三屏应该陈列的是各类别中性价比最高的产品；最底部放置一些文字热点链接、友情链接以及版权和经营者信息。

而横向来看，至少应该在屏幕左边摆放商品搜索、分类列表、部分用户留言等；在屏幕其余部分摆放各类促销活动广告或者商品展示；当然体现交互功能的在线 QQ、旺旺等应该在最显著位置。天猫首页布局见图 1.10。

图 1.10 天猫首页

1.3.4 完善的交互功能

首先，在线 QQ、MSN、旺旺等互动工具接口应在窗口的任何一幅页面中的显著位置出现。这可以最大限度地满足消费者的沟通欲望。

其次，留言或者评论功能应该出现在窗口的任何一幅页面中，确保在没有在线值班客服的时间段，消费者也可以向营销者反馈信息。

再次，有条件营销窗口的可以在页面中提供电话直复功能、在线语音视频等功能。电

话直复功能可以使消费者不用拨号或者支付电话费就可以与客服取得语音沟通，可大幅提升网络营销的成功率，具体原理可从其他相关参考资料里查询。而在线的语音视频功能也可以实现高效的沟通，但考虑到服务器流量成本较高，建议谨慎使用。

最后，窗口的功能或服务标准以及任何变化都应及时在显著位置说明，对于菜鸟级消费者应提供简单明了的操作帮助说明。

1.3.5 品牌及形象展示

即使只是一个小小的微博，也应该使用实名注册，并实名验证，这可以提升交易中的信用度感知。同时，将窗口经营者的详细信息，如所在地、教育背景、获奖证明、各类勋章积分、VIP 等级等网络虚拟资产应进行有效展示，以最大限度消除消费者的交易安全顾虑。

1.3.6 其他基本运营指标

作为一个网络信息窗口，符合基本的网站运营指标非常重要，其中浏览速度尤为重要，一般建议首页加载时间控制在 5 秒以内。另外，应确保窗口的安全，避免因遭受攻击而导致的网页篡改、挂马等不安全现象。

1.4 网络消费者使用的主流应用

对于网络营销者来说，网络营销是否成功，前提在于是否对营销目标即网络消费者的网络习惯有着深入了解。下面就近几年网络消费者所使用的主流网络应用及其特点进行介绍。建议读者逐一去熟悉这些应用，针对每个应用相关的网络用户使用习惯进行网络营销策划和实施。

1.4.1 腾讯 QQ 及相关产品

腾讯 QQ 号已经成为当前国内网民在网络上交流的一张名片，其 QQ 群功能更是成为了小众群体交流基地。个性化装饰功能强大的 QQ 空间成为了年轻人展示自我的窗口。伴随着智能手机覆盖率的攀升，腾讯也适时推出了手机版 QQ、腾讯微博和微信，其微博实力正在迅速接近国内微博老大新浪。

在电子商务方面，腾讯拍拍推出的短短几年时间便迅速发展成国内名列前茅的 C2C 电子商务平台，并于近期与京东商城合并。腾讯微信推出短短几年已经成为目前使用最广的移动社交网络应用，其微信公众平台、微站、微店更成为 C2C 移动电子商务很重要的一种实现方式。

打开 QQ 应用管理器，可以看到游戏、QQ 音乐、腾讯视频等所有能想得到网络应用。篇幅关系，不再一一介绍，如图 1.11 所示为腾讯应用管理器。

图 1.11　腾讯应用管理器

1.4.2　百度搜索引擎及相关产品

百度以 MP3 音乐搜索起家，逐渐成为全球最大的中文搜索引擎，占据中文搜索引擎市场的主流。其主推的百度竞价排名产品为百度创造了大量的营销收入，同时百度利用自己在中文搜索引擎市场主导的地位，逐步推出了百度贴吧、百度知道、百度文库、百度地图、百度翻译等大量的相关应用，如图 1.12 所示为百度应用产品页面。

图 1.12　百度应用产品页面

1.4.3　新浪博客、微博

不管其他平台如何发展，新浪无疑还是当前国内博客和微博的老大，其海量的博客以及名人对其关注度造就了新浪博客、微博的高价值。很多的网民既有博客又有微博。他们习惯于将一些人文色彩的信息通过 PC 终端发布到博客，而将一些日常所见所闻或者突发感想通过智能手机发布到微博。微博以其信息及时到达的特点和强大的转发交互功能为网络营销提供了一个非常好的平台。如图 1.13 所示为新浪博客首页，如图 1.14 所示为新浪微博。

图 1.13　新浪博客首页

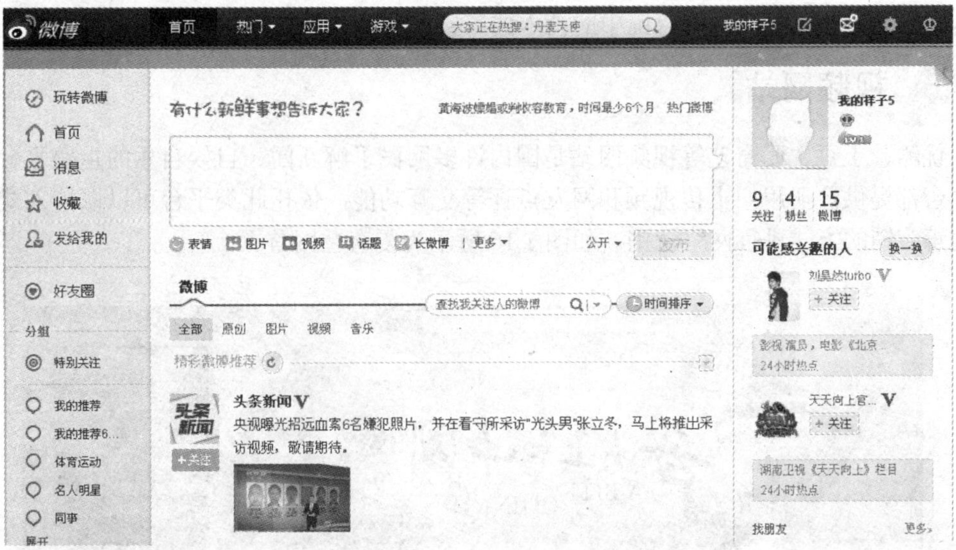

图 1.14　新浪微博

1.4.4　淘宝、天猫、京东、拍拍

淘宝、天猫、京东、拍拍几乎成了国内电子商务市场的寡头垄断者，也是网络消费者上网购物的首先询价平台，许多消费者在京东中看中了商品后仍然会到淘宝上对同类商品的价格及服务进行比较。因此，这类 C2C、B2C 的电子商务平台已经成为网络消费者最喜

欢的网络购物和询价平台。如图 1.15 所示为京东商城首页。

图 1.15　京东商城首页

1.4.5　各类论坛社区

百度贴吧、天涯、猫扑等热门社区聚集了海量的会员和信息，同时社区所特有的自由发言、跟帖讨论文化为网络营销中的植入式广告和病毒营销提供了更多的机会。

1.4.6　视频网站

优酷、土豆、爱奇艺等视频网站是国内许多网民了解新闻、自娱自乐的重要平台。该类平台都提供注册用户上传视频和网友点评等交互功能，依托此类平台可以以植入式广告和病毒营销的方式进行网络营销。如图 1.16 所示为爱奇艺网首页。

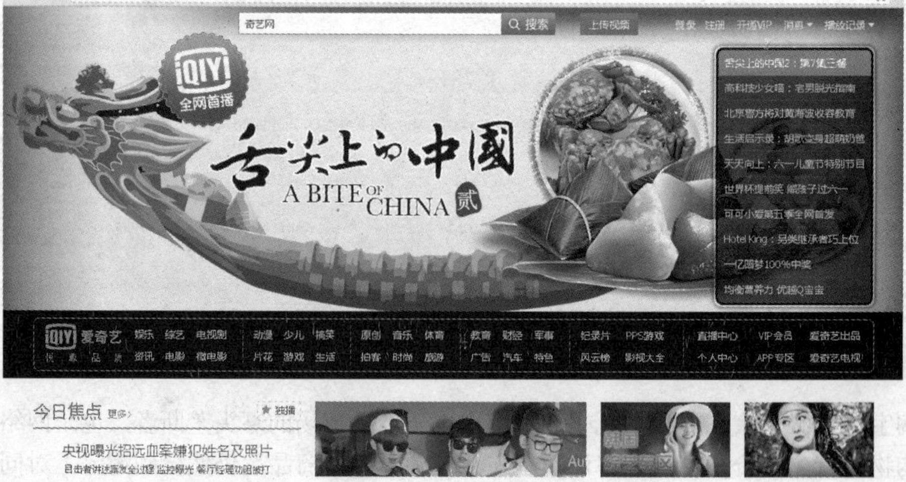

图 1.16　爱奇艺网首页

1.4.7 网络游戏

网络游戏无疑已经成为年轻一代生活中重要的娱乐方式，虽然由于其客户端软件以及官网的封闭性，对网络营销存在一定的限制。但其客户端和官方论坛聚集了大量的潜在客户，可以探讨一种有效的网络营销方式进行合理的介入营销。例如，虚拟资产的网络销售就比较适合在此类平台开展。如图 1.17 所示为 5173 网络游戏交易平台。5173 是当前国内最大的网络游戏交易平台。

图 1.17　5173 网络游戏交易平台

1.4.8 其他网络信息平台

例如新浪、搜狐等综合信息门户，搜房网、前程无忧网等行业信息门户，世纪佳缘、百合网等交友网站，开心网、人人网、豆瓣等社交网站，58 同城、赶集网等分类信息门户，均是当前各类网友光顾的热门网站。打开著名的导航网站 hao123，可以看到各种类别中最优秀的网站陈列。如图 1.18 所示为 hao123 首页。

图 1.18　hao123 首页

1.5 实训任务

1.5.1 实训任务 1：信息门户型网站分析

请学生登录新浪、网易、搜狐三大综合信息门户网站，观察网站在功能、内容各方面的构成设计，分析并填在表 1.1 中。

表 1.1 信息门户型网站分析表

项 目	新 浪	网 易	搜 狐
加载速度（s）			
网页大小（M）			
首屏广告数			
首屏信息数			
画面美观度			
导航栏合理性			
主打功能			

请根据表 1.1 中数据，分析三大门户网站的业务功能特点、各自网页设计的优缺点。其中画面美观度、导航合理性按 A、B、C 三挡打分，主打功能则列网站最具特色的功能。

1.5.2 实训任务 2：C2C 电子商务网站分析

请学生分析淘宝首页各大信息模块的功能特点及信息推荐规则，要求至少按照表 1.2 罗列 6 个信息模块。

表 1.2 淘宝首页信息模块分析表

模 块 名	截 图	功 能 特 点	信息推荐规则

第 2 章

营销者角度的网络营销

2.1 网络营销工作内容与目标

网络营销按照工作内容和目标不同，分为网络销售和网络推广。

2.1.1 网络销售

网络销售即通过自主网站、第三方网店等窗口进行各类商品的销售。如在淘宝、拍拍开店，京东商城也属于此类。

网络销售的主要工作内容包含网络客服、网店装修、商品图片展示设计、文字编辑、站内关键词推广、站内活动策划实施以及物流等其他经营工作。网络销售的一般目标为商品的直接销售，同时也推广网店口碑及网络品牌的发展。涉及 PS 图片设计基础技术、Flash 基础设计、简单的专题网页设计等计算机技术。

2.1.2 网络推广

网络推广是利用各类网络应用和相关技术将某个网址或者某条信息进行推广，以让更多人知道和了解，其业务和技术范围更加广泛。

网络推广的主要工作内容包含搜索引擎优化推广、网络广告推广、博客或微博营销、微信营销、网络链接推广、社区论坛推广、各类第三方平台信息推广等。网络推广的营销目标在于提升推广目标的访问量、搜索排名、PR 值等网络运营测评数据。

网络推广涉及 HTML/JS/XML 等网页前台代码设计基础、Web 服务器/数据库/ASP.NET/PHP/JSP/域名/IP 地址/服务器空间等网站建设相关的概念及技术原理、IP/PV 流量/搜索排名/外部链接等网站流量经营分析技术、各类主流网络应用技术原理等计算机技术。

从以上介绍可以看出，网络推广比网络销售更具技术性、难度更大，但成功以后的商业价值和成就感更高。

2.2 营销者角度优秀网站的功能性标准

无论网络营销者选择淘宝开店还是选择自主网站营销，作为网络营销人员，所拥有的这块窗口除了具备消费者满意前台的各项指标外，重点在于是否配备强大的数据管理和分析推广的后台功能。以下后台功能对于营销者在网络营销中能起到更为重要的作用。

2.2.1 注册用户 VIP 分级管理功能

窗口应具备详细的客户资料管理功能。营销者可以了解到客户的所在地、教育背景、收入情况、兴趣爱好、历史购买记录等详细资料。营销者可以根据客户的不同情况进行分类分级管理，提供不同的网络虚拟资产待遇和功能权限，从而鼓励积极购买的客户，对购买商品数量或金额出现变化的客户针对性分析营销。如淘宝的买家等级、会员勋章、会员特权等。

2.2.2 完善的商业信息编辑功能

管理后台应具备完善的信息编辑功能。除了基本的图片文字信息类编辑外，还应具备插入网络视频、网络动画等内容类编辑功能，也应具备关键词设置、网页描述设置等符合基本搜索引擎优化要求的信息编辑功能，以及具备置顶、推荐、自定义排序等灵活信息设置功能。

2.2.3 强大的数据分析功能

管理后台应可以统计首页、二级页面、三级页面以及专题页面的 IP、PV 流量数据，并在此基础上得出各类页面的客户来源、客户访问次数、停留时间等信息。为下一步网络营销提供有益的参考。

系统应可以根据来路域名、来路页面、来路分类进行来路数据分析，也可根据受访域名、受访页面等进行内容分类分析，系统还应具备按时间段筛选数据分析的功能。

2.2.4 订单管理功能

从用户下订单，到网络电子支付，到营销人员接单发货以及售后服务、物流配送管理，应做到工单可实时查询。系统可与消费者或者后台管理者手机进行连接，实现流程信息提醒、审核确认等交互功能。

2.3 营销者角度优秀网站的运营标准

网站运营过程中针对网站的数据分析，已经成了每个网站运营和网络营销者每天的必备功课，通过这些数据指标可以准确地抓住用户动向和网站的实际状况。网络可以使用一些统计分析工具获得这些数据，但是为了更加精准地获得某些网站运营时的关键数据，则在网站策划和网站规划阶段时，需要充分将这部分内容考虑进去，对网站作些指标参数的设定，这样可以降低网站的重复开发工作。

以下就网站各类数据指标做简要分析。

2.3.1 IP 访问量与 PV 访问量

IP 访问量（日均访问 IP 数）指的是平均每天有多少台计算机访问过网站，可粗略地等同于网站每日访问人数；PV 访问量（日均页面访问量）指的是网站全站页面平均每天被刷新多少次。网站管理员经常将人均页面访问量（PV/IP 得出的计算值）作为考量网站对访问者吸引度的评估。

2.3.2 网站转换率

计算公式：网站转换率=进行指定的动作的访问量/总访问量

指标意义：衡量网站内容对访问者的吸引程度以及网站的宣传效果。管理员通过在不同的网络宣传窗口，使用不同的链接的名称、订阅的方式、广告的放置、付费搜索链接、付费广告等，看看哪种方式是能够保持转换率在上升，如何增强来访者和网站内容的相关性。如果网站转换率上升，说明相关性增强了；反之，则是减弱。

2.3.3 回访者比率

计算公式：回访者比率=回访者数/独立访问者数

指标意义：衡量网站内容对访问者的吸引程度和网站的实用性，网站是否有令人感兴趣的内容使访问者再次回访。绝大多数的网站都希望访问者回访，因此都希望这个值在不断提高，如果这个值在下降，说明网站的内容或产品的质量有待加强。

2.3.4 订单转化率

计算公式：订单转化率=总订货数/总访问量

指标意义：这是一个比较重要的指标，衡量网站的对每个访问者的销售情况。通过这个指标可以发现即使一些微小的变化都可能给网站的收入带来巨大的变化。如果还能够区分出新、旧访问者所产生的订单，那么就可以细化这个指标，对新、旧客户分别进行统计。

2.3.5 单笔订单成本

计算公式：单笔订单成本=总的市场营销开支/总订货数

指标意义：衡量平均的订货成本。每笔订单的营销成本对于网站的盈利和现金流都是非常关键的。营销成本的计算各人有不同的标准，有些把全年的网站营运费用摊入到每月的成本中，有些则不这么做，关键要看那种最适合自己的情况。如果能够在不增加市场营销成本的情况下提高转化率，这个指标就应该会下降。

2.3.6 单个访问者成本

计算公式：单个访问者成本=市场营销费用/总访问数

指标意义：用来衡量网站的流量成本。这个指标衡量的是市场营销效率，目标是要降低这个指标而提高交易总额，为此要将无效的市场营销费用削减，增加有效的市场投入。

2.3.7 谷歌 PR 值

PR 值全称为 Page Rank（网页级别），用来表现网页等级的一个标准，级别分值从 0～10，是谷歌用于评测一个网页“重要性”的一种方法。PR 值越高说明该网页越受欢迎（越重要）。

例如，一个 PR 值为 1 的网站表明这个网站不太具有流行度，而 PR 值为 7～10 则表明这个网站非常受欢迎（或者说极其重要）。与谷歌 PR 值一样，搜狗 SR 值也是用来评测一个网站受搜索引擎认可的程度，同时也影响着网站首页在搜索引擎相关关键词的搜索排名。因此谷歌 PR 值与搜狗 SR 值成为目前业界评判目标网站的优劣的重要指标。

2.3.8 Alexa 世界网站排名

Alexa 排名是指网站的世界排名，主要分两种：综合排名和分类排名，Alexa 提供了包括综合排名、到访量排名、页面访问量排名等多个评价指标信息，大多数人把它当做当前较为权威的网站访问量评价指标。一个商业网站在经过一段时间的专业运营后，网站的世界排名应至少在 20 万名以内。

2.4 网站经营管理常用工具

网站管理员在日常的网络经营中经常需要整理收集各类运营数据进行分析，从而得出对市场发展的判断，指导下一步网络营销的策略。本书中介绍几种最为常用的分析工具。

2.4.1 流量分析工具

1．流量分析概述

网站流量分析，是指在获得网站访问量基本数据的情况下对有关数据进行统计、分析，从中发现用户访问网站的规律，并将这些规律与网络营销策略等相结合，从而发现目前网络营销活动中可能存在的问题，并为进一步修正或重新制定网络营销策略提供依据。

获取网站访问统计资料通常有如下两种方法。

一种是通过在自己的网站服务器端安装统计分析软件来进行网站流量监测；另一种是采用第三方提供的网站流量分析服务。

两种方法各有利弊。

采用第一种方法可以方便地获得详细的网站统计信息，并且除了访问统计软件的费用之外无需其他直接的费用，但由于这些资料在自己的服务器上，因此在向客户或者合作商提供有关数据时缺乏说服力；第二种方法则正好具有这种优势，但通常要为这种服务付费，也有一些专业的免费网站流量统计服务，如百度统计等。

2．百度统计（http://mtj.baidu.com）

百度统计是百度推出的一款免费的专业网站流量分析工具，能够告诉用户访客是如何找到并浏览用户的网站，在网站上做了些什么，有了这些信息，可以帮助用户改善访客在用户的网站上的使用体验，不断提升网站的投资回报率。百度统计提供了几十种图形化报告，全程跟踪访客的行为路径。同时，百度统计集成百度推广数据，帮助用户及时了解百度推广效果并优化推广方案。

百度统计提供了丰富的数据指标，系统稳定，功能强大但操作简易。

（1）具体操作步骤如下

① 登录系统后按照系统说明申请流量统计代码。

② 根据百度要求在本网站相应页面完成代码添加。

③ 百度统计开始实时收集数据，为用户提高投资回报率提供决策依据。

④ 网站管理员进入百度统计，即可看到含有丰富数据的概况页。

⑤ 然后进入各个报告，可以细致了解网站的流量情况。

（2）目前百度统计提供的功能包括：流量分析、来源分析、网站分析等多种统计分析服务。如图 2.1 所示为百度统计页面。

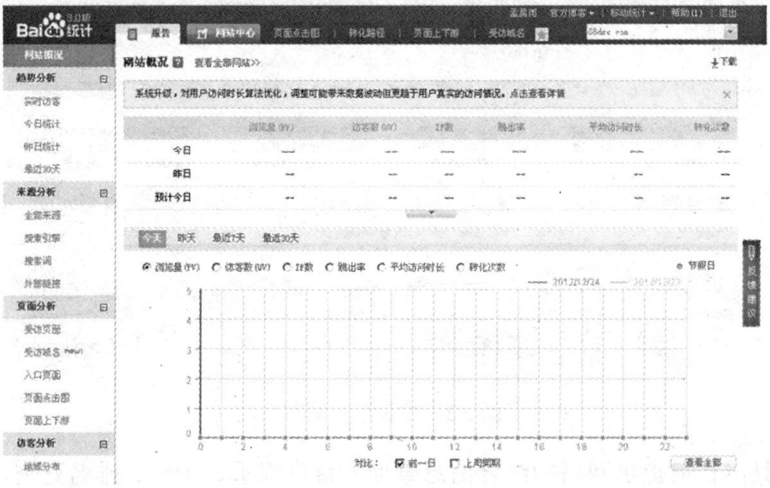

图 2.1　百度统计页面

① 流量分析。用户可以通过百度统计查看一段时间内用户网站的流量变化趋势，及时了解一段时间内网民对用户网站的关注情况及各种推广活动的效果。百度统计可以针对不同的地域对用户网站的流量进行细分。

② 来源分析。用户可以通过百度统计了解各种来源类型给用户网站带来的流量情况，包括搜索引擎（精确到具体搜索引擎、具体关键词）、推介网站、直达等。通过来源分析，用户可以及时了解到哪种类型的来源给用户带来更多访客。

③ 网站分析。用户可以通过百度统计查看访客对用户网站内各个页面的访问情况，及时了解哪些页面最吸引访客，以及哪些页面最容易导致访客流失，从而帮助用户更有针对性地改善网站质量。

④ 转化分析。用户可以通过百度统计设置用户网站的转化目标页面，比如留言成功页面等，然后用户就可以及时了解到一段时间内的各种推广是否达到了用户预期的业务目标，从而帮助用户有效地评估与提升网络营销投资回报率。

2.4.2 SEO 工具

1. SEO 概述

我国的网民大多使用百度的搜索服务，根据一些站长网站的流量统计数据表明，95%以上的个人站长的网站流量来源来自于搜索引擎，80%以上的个人站长流量来源于百度搜索。所以部分站长在其网站的运营中想尽办法做网站 SEO 优化。

2. 站长工具网（域名：tool.chinaz.com）

站长工具网是一家为广大站长提供网站综合类查询工具，通过输入网站的域名就可以查看网站的综合信息、网站搜索权重、Alexa 排名、友情链接、同 IP 网站等情况。如图 2.2 所示为站长工具网首页。

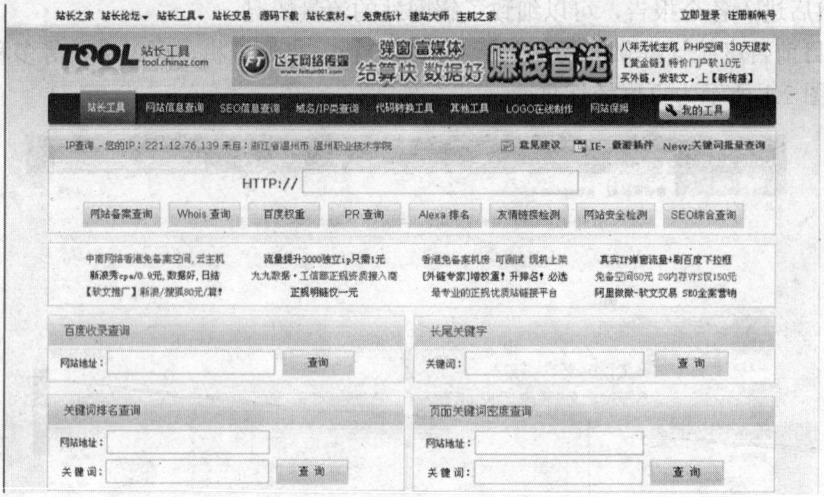

图 2.2　站长工具网首页

站长工具网目前提供网站的综合信息查询、百度权重、Alexa 排名查询、友情链接检测、同 IP 服务器网站查询、ICP 备案查询、HTTP 状态查询、whois 查询、MD5 加密解密、网站死链检测、搜索引擎收录反链查询等网站实用查询工具。通过站长工具网，网站管理员可以实时地了解自己的和别人网站流量、排名、关键运营参数等运营必要数据，并通过其详细的数据反馈了解到网站之间的运营对比，采取相应措施提升网站的运营能力。

2.5 实训任务

2.5.1 实训任务 1：网站运营参数计算

某电子商务门户网站日均页面访问量为 200 万次，IP 访问量为 10 万个，其中 IP 访问量中有 3 万个是再次访问，日均产生订单数 500 件，日均销售额为 1 万元人民币。请计算其人均页面访问量、回访率、订单转化率。

2.5.2 实训任务 2：站长网应用

请在站长网查询新浪网（www.sina.com.cn）的各项参数，并填写在表 2.1 中。

表 2.1　网站运营参数计算表

序　号	项　目	数　据
1	全球排名	
2	IP 浏览率	
3	PV 流量	
4	用户访问页面率	

续表

序　号	项　目	数　据
5	反向链接	
6	PR值/PR 输出值查询	
7	页面收录（百度）	
8	页面收录（谷歌）	
9	页面收录（搜狗）	
10	友情链接检测	
11	死链接检测/全站 PR 查询	

第3章

网络广告营销

3.1 网络广告营销基本概念

网络广告营销是配合企业整体营销战略，发挥网络互动性、及时性、多媒体、跨时空等特征优势，策划吸引客户参与的网络广告形式，选择适当网络媒体进行网络广告投放的一种营销手段。网络广告从广义上讲可以理解为任何通过国际互联网进行传播的商业信息，包括网络广告起源的BANNER横幅广告、旗帜广告、浮标广告、文字链接广告等，也包括了目前比较流行的搜索引擎竞价排名、博客/微博广告信息、QQ/微信即时通信推送信息广告、窄告广告联盟等；从狭义上讲可以理解为在Web网站页面上设置的各种不同类型的广告位和广告形式， 最为典型的就是新浪、网易等门户网站首页上的各类固定广告位。

3.2 网络广告特点

3.2.1 传播对象面广

网络广告理论上可以理解为与互联网相连的所有计算机终端客户都可以查看到广告信息，网络广告可以通过互联网将产品、服务等信息传送到世界各地，其世界性广告覆盖范围使传统媒体望尘莫及。然而要重点指出的是，我们不能误解为每一个网络广告都可以让全世界的网民看到。因为一条网络广告的具体曝光率还是要看登载该广告的网络媒体的区域定位和网络覆盖面的。

3.2.2 表现手段丰富多彩

电子网络广告采用文字介绍、声音、影像、图像、颜色、音乐等于一体的丰富表现手段，并且有网络视频插播、网络游戏插播、网络新闻嵌入等丰富的展现形式，具有报纸、电台、电视的各种优点的汇集，更加吸引受众。

3.2.3 制作成本低

相对传统媒体，网络广告制作成本较低，同样一个5s的Flash动画广告，网络广告只要300～500元的制作费，而电视台Flash广告从设计到技术格式转换至少需要2000元。

3.2.4 时效长

相对于传统媒体的一次性或多次性播放展示，一些类别的网络广告具有长时效性的特点，甚至一些类似分类信息的网络广告可以永久在服务器保存，并被搜索引擎根据相关关键词搜到。

3.2.5 信息面广

网络广告的内容大到飞机、小到口香糖均可上网做广告。庞大的互联网网络广告能够容纳难以计量的内容和信息，它的广告信息面之广、量之大是传统媒体无法比拟的。如报纸广告的信息量受到版面篇幅限制；电视广告的信息量受到频道播出时间和播出费用的限制。

3.2.6 多对多的传播过程

报纸广告基本是一对一的传播过程，电视传媒则是一对多的方式，而互联网上的广告则是多对多的传播过程。之所以这样，是因为在互联网上有众多的信息提供者和信息接受者，通过信息的转发推送，他们既在互联网上发布广告信息，也从网上获取自己所需产品和服务的广告信息。

3.2.7 具有纵深性和交互性

所谓网络广告的纵深性指的是消费者可以从看到广告那一刻开始，通过鼠标单击进入广告详细页面，并最终形成订单支付的一系列纵深性的信息展示。交互性指的是商家可以从消费者进入商品页面开始就跟踪消费者行为，商家在适当的时候介入营销，客户也可主动与商家交流，从而最终形成订单支付，并送货上门。

3.2.8 跟踪统计功能强

网络广告可以利用用户的访问率、点击率、订购率数据，精确地跟踪不同用户的消费习惯，估算出网络广告的曝光效果和转化率。也可以结合客服人员与客户沟通的过程中所收集的信息，针对性地进行下一步营销战略的制定。

3.2.9 网络广告营销的局限性

毕竟显示屏的尺寸与电视机相差甚远，所以网络广告很难对用户产生强大的视觉冲击力。例如，一张网页上最黄金的位置就是第一屏中间的旗帜广告，但是创意空间却仍然非常小，其常用的最大尺寸约合 600×300 像素，要在如此小的空间里创意出有足够吸引力、感染力的广告，是对广告策划者的巨大挑战。而提供再大的空间的网络广告对于一个网站来说，成本又太高。

另外，由于网络信息的虚拟性和服务方的不稳定性，导致人们对于网络广告的权威性产生怀疑，人们更相信由传统媒体提供的各类商业信息。

3.3 经典网络广告展示

3.3.1 弹窗广告

弹窗广告的特点：资源稀缺、价格贵、效果显著，但易被用户屏蔽、播放时段有限。如图 3.1 所示为某网站弹窗广告。

图 3.1　某网站弹窗广告

3.3.2 视频广告播放窗

视频广告播放窗的特点：资源稀缺、价格贵、效果显著、播放时段有限、一般为短视频或 Flash 动画、制作复杂。如图 3.2 所示为某网站视频播放广告。

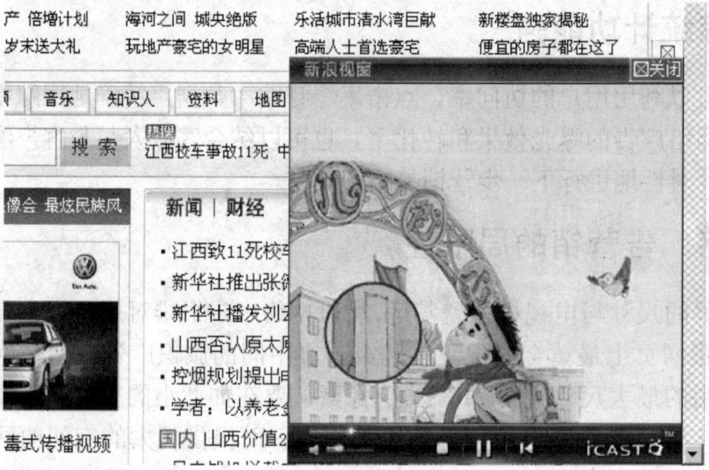

图 3.2　某网站视频播放广告

3.3.3 对联广告

对联广告的特点：跟随网页当前屏存在、不受时段限制、效果较好、价格较高。如图

3.3 所示为某网站的对联广告。

图 3.3　某网站的对联广告

3.3.4 横幅广告

横幅广告的特点：所在区域内位置显著、价格根据横幅所设网页区域而定、具备一定眼球吸引力。如图 3.4 所示为某网站的横幅广告。

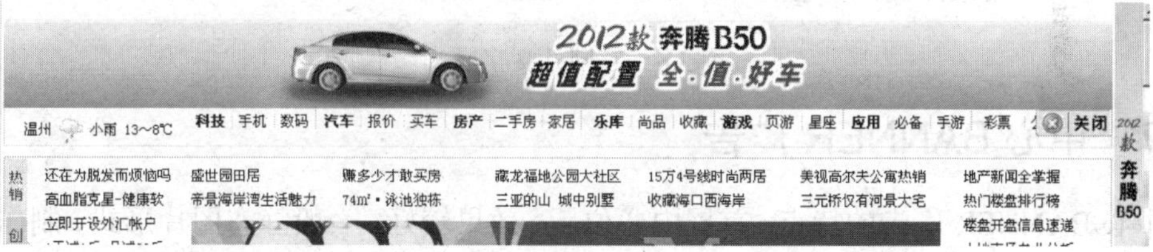

图 3.4　某网站的横幅广告

3.3.5 巨屏广告

巨屏广告的特点：视觉冲击力大、效果显著、价格贵、投放时段限制。如图 3.5 所示为某网站巨屏广告。

图 3.5　某网站巨屏广告

3.3.6 文字广告

文字广告的特点：围绕重要内容或视觉中心、价格实惠、效果一般、制作简单。如图 3.6 所示为某网站文字广告。

图 3.6　某网站文字广告

3.3.7 中心 BANNER 广告

中心 BANNER 广告的特点：首屏中心位置、效果较好、一般静态图片形式、制作简单、价格较贵。如图 3.7 所示为某网站中心 BANNER 广告。

图 3.7　某网站中心 BANNER 广告

3.3.8 图片按钮广告

图片按钮广告的特点：位置分散、与周边信息结合、价格适中、效果较好。如图 3.8 所示为某网站图片按钮广告。

图 3.8　某网站图片按钮广告

3.4 网络广告的价格

3.4.1 主流收费模式

（1）CPM（The Cost Per Thousand Impressions，每千印象计费）：CPM 是一个源于传统广告的计费标准，已经广泛地运用在网络广告中。CPM 以广告图形被显示 1000 次为基准的网络广告收费模式。例如：CPM 报价是 50 元人民币，若有 10000 个用户点击了广告，则广告发布者将向广告主收取 500 元人民币的费用。由于这种方式对广告发布者相对有利，因此许多主流网络媒体都比较愿意采取这种方式。

（2）收入分成（Revenue Sharing）：广告主和广告发布者在协商、谈判的基础上共同制定一个分成标准，根据该标准，在广告主获得收益的基础上进行广告分成。

（3）CPC（The Cost Per Click，每点击收费）：以网络广告被点击并链接到相关网址或详细内容页面的次数为基准的网络广告收费模式。由于这种方式是建立在用户进一步阅读广告的基础之上的，因此广告客户更倾向于这种方式。目前流行的百度竞价排名就是最典型的 CPC 收费模式。

（4）CPA（Cost Per Action，每行动成本）：CPA 计价方式是指按广告投放实际效果，即按回应的有效问卷或订单来计费，而不限广告投放量。

（5）CPP（Cost Per Purchase，每购买成本）：广告主只有在网络用户点击网络广告、并进行在线交易后，才按销售笔数付给广告站点费用。

（6）包时段方式：很多国内的网站是按照“1 天多少钱”、“1 周多少钱”或者“1 月多少钱”这种固定收费模式来收费的。

在以上几种网络广告收费模式中，比较而言，CPM 和包月方式对网站有利，而 CPC、CPA、CPP 则对广告主有利。CMP 是最经典的网络广告收费方式，目前比较流行的计价方式是 CPM 和 CPC。

3.4.2 网络广告收费模式计算案例

【例 3.1】假设某网站日均 IP 访问量为 2000 次，日均 PV 浏览量为 10000 次，其首页顶部横幅广告 100%展示概论，首页占全站页面浏览量 25%，按照国际惯例每 CPM 定价 5 美元，试估算该广告位的广告价格。

分析：

（1）首先，广告位的曝光率为该广告位所在页面的日均浏览量。

（2）确定首页的 PV 浏览量为全站 PV×首页占全站页面浏览量比重。

（3）确定 CPM 与首页 PV 浏览量的关系为 PV 浏览量/1000。

解：广告价格为：[（10000×25%）/1000]×5=12.5 美元/天

3.5 网络广告价值评估

网络广告价值评估主要在于对该广告位真实流量的评测，以及与市场需求对象相关流量的分析。

3.5.1 如何得到网站的真实流量

网站真实流量可通过向网站管理员要流量数据、通过 Alexa 全球网站排名平台查询、搜索引擎热门关键词排名查询三个方面来进行综合评估获得。

其中，Alexa 全球排名查询所取得的流量为网站全站流量，应通过相应的子域名流量占比数据获得广告位所在页面的流量估值。

而搜索引擎热门关键词排名查询则是通过设定 2～3 个与广告商产品相关的关键词在主流搜索引擎中搜索，查询网站的排名数据。这可从侧面佐证网站流量的真实性。

3.5.2 分析流量的点击率

对于一张网页上的广告来说，相同的曝光率，点击率越高则该广告价值越大。一般情况，一张页面上某个链接的点击率为该页面全部链接的反比。按照这个规律，一张页面中同时存在的链接越多，该广告则被单击的概率就越低。

3.5.3 分析流量相关性

应根据网站的历史访问数据，分析网站访问用户与广告商产品的相关性，相关性越高则广告价值越大。

3.6 网络窄告

3.6.1 窄告概念

窄告就是“窄而告之”、“专而告之”。指客户投放的窄告直接投放到与其内容相关联的网络媒体上的文章周围，同时窄告还会根据浏览者的偏好、使用习性、地理位置、访问历史等信息，有针对性地将窄告投放到真正感兴趣的浏览者的面前。

窄告被誉为网络广告的“响尾蛇”导弹，是一种网络定向广告，它能通过分析网页内容、辨别网名所在地，按广告主要求设置，将广告有针对性地投放到几千家网站目标客户面前。这种新型网络广告模式更加有效地节约了广告成本，提升了广告效率。展示形式如图 3.9 所示的某网站播放的窄告和如图 3.10 所示的某网站播放的窄告。

图 3.9　某网站播放的窄告

图 3.10　某网站播放的窄告

（1）网络窄告主要有以下含义。

① 锁定与业务相关的文章周围。窄告运用语义分析直接投放在与之业务相关的文章周围。

② 锁定目标区域。窄告能锁定广告商制定的目标客户所在区域，可具体到城市。

③ 锁定感兴趣的网民。窄告通过分析网民的阅读习惯、访问历史等网络痕迹，锁定对之感兴趣的网民，直接投放到这些网民面前。

（2）窄告的投放模式有如下 4 种。

① 按语义投放。

② 按地区投放。

③ 按访问者投放。

④ 全国性投放。

3.6.2 窄告的运作原理

窄告运营企业一方面联盟成千上万的网站平台，对网站平台提供的广告位进行定价和分成，并提供广告链接接口代码供合作网站进行围绕关键词的动态广告展示；另一方面通过线下结合线上的广告业务推广，招揽各类广告投资商的广告业务，并投放在其联盟的网站页面上。具体如图 3.11 所示的某网站播放的窄告运营流程图。

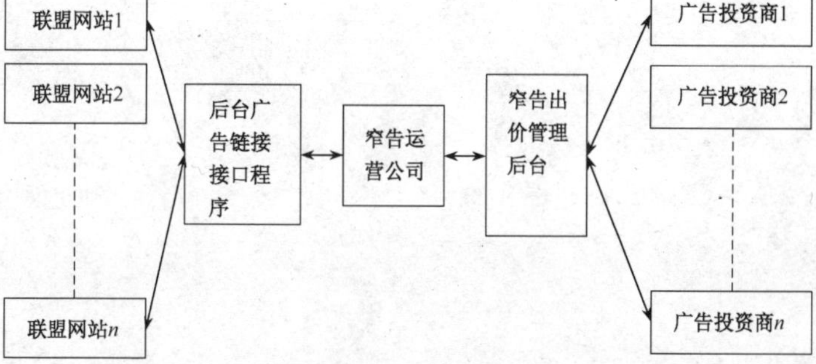

图 3.11　窄告运营流程图

3.7 实训任务

3.7.1 实训任务 1：网络广告横幅图片设计

假设某高校成人教育学院计划在新浪首页首屏横幅广告位做 2014 年自主招生的硬广告。

具体资料：主题为自主招生，已知特点为自主命题考试，校园环境优美，师资力量雄厚，专业囊括电子商务、计算机软件、网络、计算机应用、信息系统维护等。

请使用 PS 或者 Flash，按照 1000×90 像素设计一张广告静态图片，素材可从网络下载、搜寻。

评判标准：

（1）图片前景、背景色彩区分鲜明，整体协调。

（2）广告图片色调及结构应与所在页面区分鲜明，但又有一定联系。

（3）广告图片、文字简洁明了，重点突出。

3.7.2 实训任务 2：分析针对特定产品，不同网站广告位的价值区别

假设新浪网站在 ALEXA 排名系统中查得日均 IP 流量为 1500 万次，PV 为 1.5 亿次，而另一个 123 怀孕网为专业孕育类产品的信息服务网站，日均 IP 流量 3600 次，PV 流量 11880 次，且首页占页面访问总比 5%。当前新浪首页首屏横幅广告为三轮播形式，而 123 怀孕网首页顶部导航栏上部广告为全概率播放，且为全站通栏广告。现有一款婴儿奶粉产品考虑在两个网站上述广告位上做广告，请分析两个广告位所产生的广告价值对比。

要求给出广告位真实曝光率、点击率、相关性，以此为依据进行数据对比。

第 4 章

搜索引擎营销

4.1 搜索引擎营销基本概念

搜索引擎营销，是英文 Search Engine Marketing 的翻译，简称为 SEM。简单地说，搜索引擎营销就是基于搜索引擎平台的网络营销，利用人们对搜索引擎的依赖和使用习惯，在人们检索信息的时候尽可能将营销信息优先传递给目标客户。

搜索引擎营销的基本思想是让用户发现信息，并通过点击进入网站/网页进一步了解他所需要的信息。围绕搜索引擎营销目标进行的搜索引擎优化设计主要目标有三个层次：被搜索引擎收录、在搜索结果中排名靠前、网站访问流量提升。也有人提出第四个层次为转化率，即点击进入网站的访问者最后完成购买支付行为后，转化为真实用户，该指标主要依赖于 SEM 中的关键词策略的优劣。

根据所应用的技术和目标不同，搜索引擎营销分为搜索引擎优化（简称 SEO）和搜索引擎竞价排名业务两种。搜索引擎优化即为网络营销者在熟知搜索引擎工作排名原理的前提下，针对其收录、分析、 排名规则对自己的目标网页内容进行相应的优化，使得目标网页可以在搜索引擎中免费获得好的自然排名；而竞价排名则是在搜索引擎提供的竞价排名推广业务体系内，围绕合理的关键词策略，争取以较低的出价获得较高的排名和转化率的一种搜索引擎推广广告投资活动。在后面的章节将重点介绍搜索引擎竞价排名业务；由于篇幅关系，搜索引擎优化不在本书重点介绍范围内，将在后续其他资料中独立介绍。

4.2 搜索引擎概念及分类

搜索引擎是指根据一定的策略、运用特定的计算机程序从互联网上搜集信息，在对信息进行组织和处理后，为用户提供检索服务，将用户检索相关的信息展示给用户的系统。搜索引擎包括全文索引、目录索引、元搜索引擎、垂直搜索引擎、集合式搜索引擎、门户搜索引擎与免费链接列表等。百度和谷歌等是搜索引擎的典型代表。

4.2.1 全文索引搜索引擎

全文搜索引擎是目前广泛应用的主流搜索引擎，国外代表有谷歌，国内则有著名的百度。它们从互联网提取各个网站的信息（以网页文字为主），建立起数据库，并能检索与用户查询条件相匹配的记录，按一定的排列顺序返回结果。

4.2.2 目录索引搜索引擎

目录索引，顾名思义就是将网站分门别类地存放在相应的目录中，因此用户在查询信息时，可选择关键词搜索，也可按分类目录逐层查找。如以关键词搜索，返回的结果跟搜索引擎一样，也是根据信息关联程度排列网站，只不过其中人为因素要多一些。如果按分层目录查找，某一目录中网站的排名则一般是由标题字母的先后顺序决定。

虽然有搜索功能，但严格意义上不能称为真正的搜索引擎，只是按目录分类的网站链接列表而已。用户完全可以按照分类目录找到所需要的信息，不依靠关键词（Keywords）进行查询。目录索引中最具代表性的莫过于大名鼎鼎的雅虎、新浪分类目录搜索。

4.2.3 元搜索引擎

元搜索引擎（META Search Engine）接受用户查询请求后，同时在多个搜索引擎上搜索，并将结果返回给用户。在搜索结果排列方面，有的直接按来源排列搜索结果，有的则按自定的规则将结果重新排列组合。

4.2.4 垂直搜索引擎

垂直搜索引擎为2006年后逐步兴起的一类搜索引擎。不同于通用的网页搜索引擎，垂直搜索专注于特定的搜索领域和搜索需求（例如：机票搜索、旅游搜索、生活搜索、小说搜索、视频搜索，等等），在其特定的搜索领域有更好的用户体验。相比通用搜索动辄数千台检索服务器，垂直搜索需要的硬件成本低、用户需求特定、查询的方式更加多样化。

4.2.5 集合式搜索引擎

集合式搜索引擎类似元搜索引擎，区别在于它并非同时调用多个搜索引擎进行搜索，而是由用户从提供的若干搜索引擎中选择。

4.2.6 门户搜索引擎

门户搜索引擎虽然提供搜索服务，但自身既没有分类目录也没有网页数据库，其搜索结果完全来自于其他搜索引擎。

4.2.7 免费链接列表

免费链接列表（Free For All Links，FFA）：一般只简单地滚动链接条目，少部分有简单的分类目录，规模要比雅虎等目录索引小很多。

4.3 搜索引擎工作原理

4.3.1 搜索引擎的基本工作原理

搜索引擎的基本工作原理包括如下三个过程：首先在互联网中发现、搜集网页信息；

同时对信息进行提取和组织建立索引库；再由检索器根据用户输入的查询关键词，在索引库中快速检出文档，进行文档与查询的相关度评价，对将要输出的结果进行排序，并将查询结果返回给用户。如图 4.1 所示为搜索引擎功能结构图。

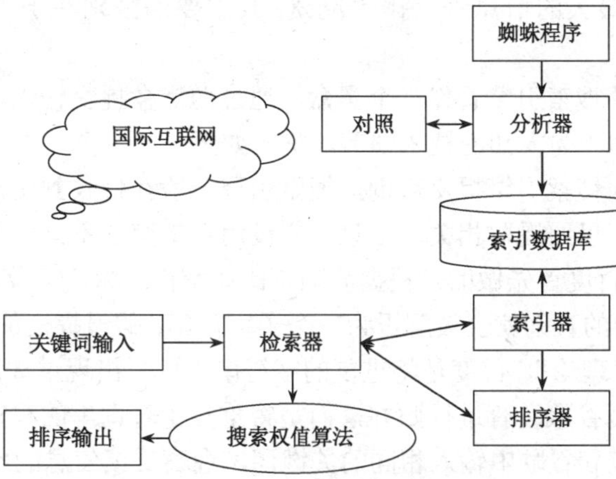

图 4.1　搜索引擎功能结构图

1. 抓取收录网页

每个独立的全文索引搜索引擎都有自己的网页抓取程序，简称网络蜘蛛（Spider）。网络蜘蛛顺着互联网中网页的超链接，连续地抓取网页。被抓取的网页被称为网页快照。由于互联网中超链接是大部分网页之间的主要联系，理论上，从一定范围的网页出发，就能搜集到绝大多数的网页。全文索引搜索引擎的抓取收录页面基本上没有严格的内容审核，而大部分人工目录分类搜索引擎则由人工结合计算机自动程序进行以上操作，建立索引数据库，收录审核则比全文索引搜索引擎要严格很多。

2. 处理网页建立索引数据库

全文索引搜索引擎抓取网页后，还要做大量的预处理工作，才能提供检索服务。其中，最重要的就是提取关键词，建立索引数据库和索引。其他还包括去除重复网页、分词（中文）、判断网页类型、分析超链接、计算网页的重要度、丰富度（搜索权值）等。

3. 提供检索排名服务

用户输入关键词进行检索，搜索引擎从索引数据库中找到匹配该关键词的网页；为了用户便于判断，除了网页标题和 URL 外，还会提供一段来自网页的摘要以及其他信息。在提取相应的匹配网页集合后，搜索引擎根据网页内容与关键词的相关性以及网页的搜索权值进行排序，并反馈给搜索用户。

思考：当用户在搜索引擎中输入关键词查找的时候，搜索引擎是直接到互联网上给用户查询信息吗？搜索引擎的排序是在用户搜索前，抓取网页的时候就排好的吗？

4.3.2 百度与谷歌算法区别

随着搜索经济的崛起，人们开始越加关注全球各大搜索引擎的性能、技术和日流量。作为企业，会根据搜索引擎的知名度以及日流量来选择是否要投放广告等；作为普通网民，会根据搜索引擎的性能和技术来选择自己喜欢的引擎查找资料；作为技术人员，会把有代表性的搜索引擎作为研究对象。

搜索引擎涉及到许多技术细节，比如查询处理、排序算法、页面抓取算法、缓存机制等。这些技术细节，作为商业公司的搜索引擎服务提供商比如百度、谷歌等是不会公之于众的。但不同搜索引擎的主流思路是一致的，就是分析用户输入的关键词语义，根据关键词查找关联度最大的信息进行排序反馈。其主要的区别在于查询处理以及分词技术的区别。

我们可以将现有的搜索引擎看作一个黑盒，通过向黑盒提交输入，根据黑盒返回的输出，大致判断黑盒里面不为人知的技术细节。举例如下。

首先，假设用户向搜索引擎提交查询，搜索引擎一般在接收到用户查询后要做一些处理，然后在索引数据库里面提取相关的信息。假设用户提交了不只一个查询串，比如“信息检索 理论 工具”。百度首先做的是根据分隔符比如空格、标点符号，将查询串分割成若干子查询串，比如上面的查询就会被解析为三个子字符串；假设提交的查询有重复的内容，比如查询“理论 工具 理论”，百度是将重复的字符串当做只出现过一次，也就是处理成等价的“理论 工具”；而谷歌没有进行归并，而是将重复子查询串的权重增大进行处理。这点我们可以通过在百度和谷歌中输入相同的关键词，观察反馈信息的不同来证明。

此外，假设提交的中文查询包含英文单词，比如查询“电影 BT 下载”，百度的方法是将中文字符串中的英文当作一个整体保留，并以此为断点将中文切分开，这样上述的查询就分为两个查询词，不论中间的英文是一个字典里能查到的单词也好，还是随机的字符也好，都会当作一个整体来对待。当然如果查询中包含数字，也是如此解决。这点可以通过在百度提交“计算机 6655kkkk 下载”所得结果来验证。

4.3.3 目录索引搜索引擎与全文索引搜索引擎的区别

1. 信息来源不同

与全文搜索引擎相比，目录索引有许多不同之处。首先，全文索引搜索引擎属于自动网站检索，而目录索引搜索引擎则完全依赖手工操作。用户提交网站后，目录编辑人员会亲自浏览该网站，然后根据一套自定的评判标准甚至编辑人员的主观印象，决定是否接纳该网站。

2. 网站登录审核机制不同

全文索引搜索引擎收录网站时，只要网站本身没有违反有关的规则，一般都能登录成功。而目录索引搜索引擎对网站的要求则高得多，有时即使登录多次也不一定成功。尤其像雅虎这样的超级索引，登录更是困难。此外，在登录全文索引搜索引擎时，一般不用考虑网站的分类问题，而登录目录索引搜索引擎时，则必须将网站放在一个最合适的目录。

3. 登录网站自主权不同

全文索引搜索引擎中各网站的有关信息都是从用户网页中自动提取的，所以从用户的角度看，网站管理员拥有更多的自主权；而目录索引搜索引擎则要求必须手工另外填写网站信息，而且还有各种各样的限制。更有甚者，如果工作人员认为提交网站的目录、网站信息不合适，他可以随时对其进行调整，当然事先是不会和用户商量的。

目前，全文索引搜索引擎与目录索引搜索引擎有相互融合渗透的趋势。原来一些纯粹的全文索引搜索引擎现在也提供目录搜索，如谷歌就借用 Open Directory 目录提供分类查询。而像雅虎这些老牌目录索引搜索引擎则通过与谷歌等搜索引擎合作扩大搜索范围。在默认搜索模式下，一些目录索引搜索引擎首先返回的是自己目录中匹配的网站，如我国的搜狐、新浪、网易等；而另外一些则默认的是网页搜索，如雅虎。这种引擎的特点是搜索的准确率比较高。

4.4 关键词策略

4.4.1 关键词概念

在搜索引擎营销范畴，关键词就是用户输入搜索框中的文字，也就是命令搜索引擎寻找的东西。可以命令搜索引擎寻找任何内容，所以关键词的内容可以是人名、网站、新闻、小说、软件、游戏、星座、工作、购物、论文等。关键词可以是中文、英文、数字，或中文、英文、数字的混合体。例如，可以搜索“游戏”、“韩国”、“网球”、“卫星”。可以输入一个，也可以输入两个、三个、四个，甚至可以输入一句话。例如，可以搜索“饲养 宠物”、“美女 校花”、“软件 下载”、“游戏 攻略 大全”、“为什么，雷声总在闪电后面”。输入多个关键词搜索，可以获得更精确、更丰富的搜索结果。例如，在百度搜索引擎中搜索“服装”，可以找到1亿篇资料。而搜索“适合中国人穿的夏季韩版服装”，则只有严格含有“适合中国人穿的夏季韩版服装”连续5个字的网页才能被找出来，不但找到的资料只有几百万篇，资料的准确性也比前者高得多。

因此，当要查的关键词较为冗长时，建议将它拆成几个关键词来搜索，词与词之间用空格隔开。多数情况下，输入两个关键词搜索，就能有很好的搜索结果。

4.4.2 网站关键词构成

一般网站关键词由核心关键词、辅助关键词、长尾关键词等组成，其中核心关键词及辅助关键词统称为目标关键词。

1. 核心关键词

核心关键词是产品的主打关键词，也可以理解为代表网站主题最简单的词语，同时也是搜索量最高的词语，比如，一个厂家是做陶瓷的，那“陶瓷”就是核心词。随着核心关键词的明确，“陶瓷生产厂家”或是“生产陶瓷”、“陶瓷价格”类的词，或是一些产品型号类的词都以围绕“陶瓷”这个核心关键词而拓展的，他们成为辅助关键词，也有称为目标关键词。

核心关键词选择要点如下。

（1）选择与页面内容相关度高的。比如网站是餐饮订餐服务型网站，那么核心关键词就应该是“餐饮”、“美食”、“网络订餐”等，而不是“数码”、“水泥”等和主题不相关的词语，因为关键词与网页实际内容相关度不够，搜索引擎不会给出好的排名。

（2）选择热门程度高的。因为核心关键词是网站的主打词，所以我们的核心关键词应该每天都有人在搜，而且搜索的次数很多；如果说我们选择一个关键词，每天没人去搜，那么即使做上去也没流量，选择这个关键词就毫无意义。

（3）考虑用户的使用习惯。就拿餐饮订餐服务型网站来说，核心关键词是“餐饮”或者“网络订餐”，但是其实通过这些词来的用户并没有多少。因此，“餐饮”这个关键词不适合本网站，那么如果是“网络订餐”这个关键词就比单纯的“餐饮”这个关键词好多了，不仅仅竞争低，而且通过这个关键词来的用户，更精准。

（4）符合自己实力的关键词。这一条是许多人常常犯的错误，选择目标关键词一定要根据自己的实力、资源、准备付出的时间来选择。例如：网站经营服装的，如果目标关键词就选择“服装”、“服饰”等，对于这类的词，每天日搜索量都在 100 万次以上，但同时竞争激烈程度也很高，做上去的效果相当差。

2. 辅助关键词

由于一个关键词会存在多种不同的表达或者描述方式，从而产生了所谓的辅助关键词字。例如：英文的单复数或词组、中文的结构短语（如形容词+名词）等。辅助关键词是对核心关键词进行相应的增删后产生的，对核心关键词的意义在程度、范围上起到扩大或者缩小作用。

在英文语言环境里，除了可以使用核心关键词与其他单词或词组组合后产生的新词组作为辅助关键词外，还可以选择核心关键词的单复数等形式作为辅助关键词。例如，phone 与另外一个单词 mobile 组合后产生的词组 mobile phone 是一个辅助关键词，而复数形式 phones 也是核心关键词 phone 的一个辅助关键词。

在中文语言环境中，我们也是通过对核心关键词进行相应增删的方法得到辅助关键词的。例如，核心关键词“杨梅”与“温州”这个词组合后，就产生一个新的辅助关键词 “温州杨梅”。

辅助关键词在页面中可以有效增加核心关键词的词频，突出页面的主题。此外，辅助关键词的存在还会提高页面被检索的概率，从而增加网站流量。从内容方面讲，辅助关键词是核心关键词的一个重要的说明及补充。

例如：某网站的关键词为“智能手机”、“超长待机手机”、“超薄手机”、“音乐手机”、“大屏幕手机”。

该网站中的辅助关键词“超长待机手机”、“超薄手机”、“音乐手机”、“大屏幕手机”对核心关键词“智能手机”进行了重要的补充，提高了页面相关性。

利用辅助关键词可以有效增加核心关键词词频，控制关键词密度，避免为了提高核心关键词词频而陷入堆砌关键词的误区。

例如：页面 1 含有的词汇有：“智能手机”、“超长待机手机”、“超薄手机”、“音乐手机”、“大屏幕手机”。

页面 2 含有的词汇有：“手机”、“手机”、“手机”、“手机”、“手机”。

搜索引擎对页面 1 进行分词操作后，得到词汇“手机”、“超长待机”、“手机”、“超薄”、“手机”、“音乐”、“手机”、“大屏幕”、“手机”。则页面 1 中核心关键词“手机”的关键词密度就是 5 / 9，而词频是 5。而经过对页面 2 进行分词操作后，得到词汇“手机”、“手机”、“手机”、“手机”、“手机”。则页面 2 核心关键词“手机”的关键词密度是 100%，而词频也是 5。

一般搜索引擎任务关键词密度在 2%～8%时页面相关性最高，超高 8%会有作弊嫌疑，那么说明页面 1 比页面 2 在内容上与查询关键词时更接近、更合理。增加相关的辅助关键词还可以提高页面被检索的概率。

3. 长尾关键词

网站上非目标关键词但也可以带来搜索流量的关键词，称为长尾关键词。长尾关键词的特征是比较长，往往是2～3个词组成，甚至是短语，存在于内容页面，除了内容页的标题，还存在于内容中。长尾关键词搜索量非常少，并且不稳定。长尾关键词带来的客户，转化为网站产品客户的概率比目标关键词高很多。存在大量长尾关键词的大中型网站，其带来的总流量非常大。

长尾关键词基本属性：可延伸性，针对性强，范围广。例如：目标关键词是“服装”，其长尾关键词可以是“流行男士服装”、“2014时尚冬装”、“常用户外运动装”等。

挖掘长尾关键词的方法有很多，找到适合自己的就好。

4.4.3 关键词策略设计

在设计所需的关键词之前，了解网民是怎样用关键词进行信息搜索是十分重要的。人们在搜索的时候一般是不会使用单个词，而是用短语或者词组。这对于网站优化起到更重要的作用。

选择关键词的基本思路：选择符合自己实力的关键词，不选择流量太低的关键词。

1. 了解行业概况

首先， 搜索行业主关键词， 搜索结果前5页的网站基本上可以说明该行业的大致情况。比如：“购物”这个关键词排前50名的基本上都是非常专业的站点，而且绝大部分是主域名，网站首页标题中包含“购物”的居多。

第二，分析这些网站基本信息，包括这些站点的建站时间、专业性、站点规模、主关键词等。比如对于“购物”这个关键词，在行业关键词搜索结果的前10个站点，主要是竞价网站？还是行业网站？或是企业网站？还是个人网站？如果竞价网站和行业网站居多，则说明关键词商业价值强；如果是个人网站，该行业大部分采用广告联盟形式，具有创新赢利模式者可以考虑切入；如果是简单企业网站，则说明行业竞争性不强。从这些方面，可以大体把握行业概况。同理，可以了解建材行业、减肥行业、旅游行业、IT数码行业、服装行业等其他行业。

2. 行业关键词集合

搜索行业主关键词，单击搜索结果第一页底部的更多相关搜索。从这里获得行业关键词的集合，作适当地筛选。从百度指数（index.baidu.com）获得每个关键词的每日搜索量。如果需要更多的行业关键词，可以采用中文版谷歌关键词工具或者百度指数来进行关键词信息查询。

3. 关键词竞争度分析

分析关键词的搜索结果数：搜索结果数越多，竞争力度越大。目前行业内比较认可的分析结果为关键词竞争激烈程度表，见表4.1。

表4.1 关键词竞争激烈程度表

搜索结果	竞争力度
50万以内	小
50～100万	较小
100～300万	中
300～500万	高
500万以上	非常高

搜索结果中的广告数目：搜索结果有竞价广告（推广链接）本身就说明该关键词非常有价值，一般有两到三个广告就能够说明竞争度较高，在以搜索结果为根据判断的竞争力度上提升一个等级。

另外，要考虑搜索结果前三页中的独立域名、二级域名数目。前三页独立域名、二级域名在十以内的，竞争力度比较小，而十五个以上就说明竞争力度比较大了。

第三，关键词的百度指数。百度指数能反映一个关键词的竞争度，百度指数越高，往往竞争力度越大，但百度指数不是唯一的参考条件，说到底，它也只是用以反映关键词在过去 30 天内的网络曝光率及用户关注度，也并不是对关键词竞争力度的直接展现。

最后，要考虑关键词所处在的时期，要联系时事，某些词在某一时期或旺季竞争度大增，过了该时期就会大减。例如，通过百度指数搜索“江南style”这个关键词，他与韩国某歌手的流行趋势关系相当紧密。

4. 选取关键词

（1）列举出与网站相关所有关键词。要把网站所有可能地关键词尽可能多地列举出来。用笔写下与网站或产品有关的所有关键词，先不要对这些关键词进行审评。不要局限于网站是卖什么的，尽量站在客人方面考虑。哪些人会为网站带来利益，尽量站在这些人的角度想。多问周围人的意见，可以询问家里人、朋友、同学会用怎样的词语描述网站产品或网站。他们很有可能会找出一些意想不到的词语。

（2）分析流量日志文档。打开网站的流量后台管理界面，查看从搜索引擎过来的流量中人们使用的是哪些关键词搜索而来自己网站的。

（3）参考其他网站。参考那些主题与自己网站相似或相同的网站，看一下他们的<meta keyword>标签是怎么写的，但是不要直接将人家的模版粘贴过来，因为自己不知道对方在设计网站之前对关键词进行了那些可能性的研究。

（4）竞争对手网站关键词。通过对竞争对手的了解，以及对竞争网站的关键词进行分析，可以对自己网站关键词进行查漏补缺。一般最好选取五个以上有代表性的竞争对手网站，然后一一对比，分析各个关键词的难易程度、流量大小，列出来，然后参考确立自己网站的关键词。

（5）找出错误的拼写（多用于英文）。有很多关键词人们会经常拼写错误的，找出这些经常出现错误拼写的词或词组可以带来额外的流量。如人们在百度中搜索经常会把“淘宝”错输成“掏宝”。

（6）充分利用关键词分析工具。关键词分析工具其实有很多，有免费的、有付费的，在选择关键词的时候要充分利用好这些工具。例如：百度指数，还有谷歌的 Google Suggest（这个工具可以告诉一系列相关词语以及各自的网页多少）和 Google Sandbox（这是在谷歌竞价广告里面供广告客户使用的），至于雅虎也有免费的关键词挑选工具供竞价广告客户使用，其他的还有很多，这里就不一一举例了。

5. 分析关键词转化率

做网站优化的根本目的就是为企业产生订单，带来效益。定期分析关键词的转化率是对网站优化的一个很好的办法，也是选好关键词的一个很重要的方面。要分析哪些关键词在一段时期内能够给网站带来更多的流量，哪些能给企业带来效益，然后分析这些关键词的转化率，把这些词分成高流量高转化率、高流量低转化率、低流量高转化率三个类别，然后分别做好这些词的优化策略，选好重点要优化的关键词，为企业或个人带来更大的效益。

4.5 SEO 搜索引擎优化简介

4.5.1 SEO 基本概念

搜索引擎优化（SEO）即为网络营销者在熟知搜索引擎工作排名原理的前提下，针对其收录、分析、排名规则对自己的目标网页内容进行相应的优化，使得目标网页可以在搜索引擎中免费获得好的自然排名。

4.5.2 SEO 出发点的搜索引擎排名原理

从搜索引擎的排名原理来看，搜索引擎的排名主要取决于两个关键因素，即搜索关键词相关性和搜索权值。搜索相关性即用户使用某搜索关键词在搜索引擎中查询信息的时候，搜索引擎首先是根据网页内容与搜索关键词的相关性，在其网页收录索引数据库中提取网页信息的；其次，根据网页内容的相关性，结合网页搜索权值对网页进行排序，再反馈给搜索用户。

4.5.3 SEO 工作要点

1. 提升网页内容与关键词策略的相关性

首先，应该根据上面章节中提到的关键词策略技巧给网站推广建立合理的关键词策略；然后围绕关键词策略去优化网页的内容结构，从而实现网页与关键词相关性的良好提升。

2. 提升网页的搜索权值

每个搜索引擎会根据自己的特点和工作原理建立一系列的算法来计算所收录网页的搜索权值，如谷歌的 PR 值、搜狗的 SR 值、百度的权重等。搜索权值在排名中起到至关重要的作用。而从原理上，搜索权值主要取决于网页的反向链接数量和质量，所以提升网页的搜索权值工作重点在于提升网页的反向链接数量和质量。

SEO 工作对操作者的技术原理知识要求较高、工作内容繁杂，且要求网络营销者对互联网基本原理和发展趋势有着清晰的认识，是一项长期而复杂的技术工作。本书只作简要的介绍。

4.6 搜索引擎搜索推广业务

搜索引擎搜索推广业务是百度、谷歌、雅虎等各大搜索引擎根据自身功能特点推出基于关键词竞价排名的一项广告业务，大部分采用 CPC 即点击收费的收费模式。以下就百度的搜索推广业务作一个简单介绍。

4.6.1 百度搜索推广概述

百度搜索推广又称百度凤巢，是一种按效果付费的网络推广方式，是百度推广的一部分，其平台地址为 www2.baidu.com。每天网民在百度进行数亿次的搜索，其中一部分搜索词明确地表达了某种商业意图，即希望购买某一产品，或寻找提供某一服务的提供商，或希望了解该产品/服务相关的信息。同时，提供这些产品/服务的企业也在寻找潜在客户。百度搜索推广宣称可以将高价值的企业推广结果精准地展现给有商业意图的搜索网民，同时满足网民的搜索需求和企业的推广需求。

百度推广业务使用步骤如下。

（1）推广链接展示。如图 4.2 所示的百度推广链接图。

图 4.2　百度推广链接图

图 4.2 中红色框部分为百度的推广链接，即竞价排名业务展示结果，在这里展示一次不收费，只有搜索用户单击进入链接目标页面后，百度将根据用户出价向广告投放企业收取相应费用。

（2）登录进入百度竞价后台界面。如图 4.3 所示的百度竞价排名后台。

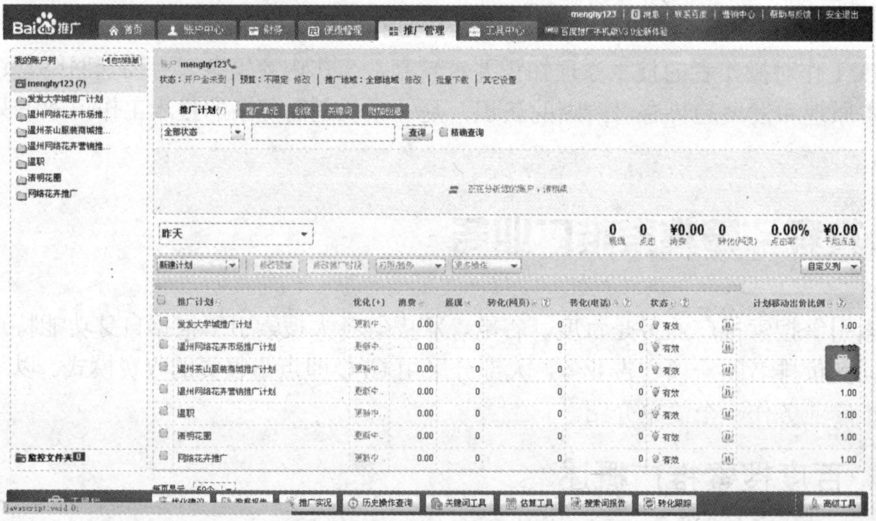

图 4.3　百度竞价排名后台

百度竞价排名业务后台分为“推广计划”、“推广单元”、“推广关键词”、“推广创意”四个主要部分，其相互关系见如图 4.4 所示的百度推广计划内容结构图。

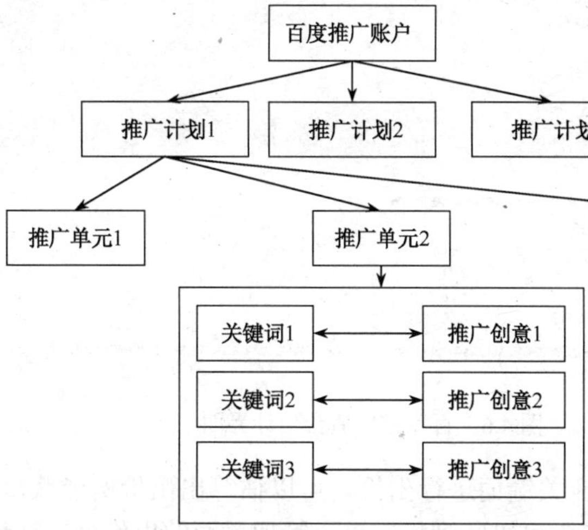

图 4.4　百度推广计划内容结构图

如图 4.4 所示，一个推广账户下可以设立多个推广计划，一个推广计划下可设立多个推广单元，而一个推广单元下可设立多个关键词，并与多个推广创意相关联。图 4.4 所示的百度推广计划内容结构更加清晰地反映了推广计划、推广单元和关键词之间的关系。

（3）新建推广计划、推广单元。

图 4.5　menghy123 账户的“发发大学城推广计划”

图 4.5 展示了一个名为“menghy123”的推广账户下有一个名为“发发大学城推广计划”的推广计划，该推广计划下有一个名为“彩妆护肤”的推广单元，该推广单元下有“彩妆护肤”、“美妆护肤”、“彩妆护肤批发”、“彩妆和护肤品”四个关键词。

（4）在推广单元下新建关键词，通过在出价框进行设置出价。具体见如图 4.6 所示的百度推广后台估计界面。

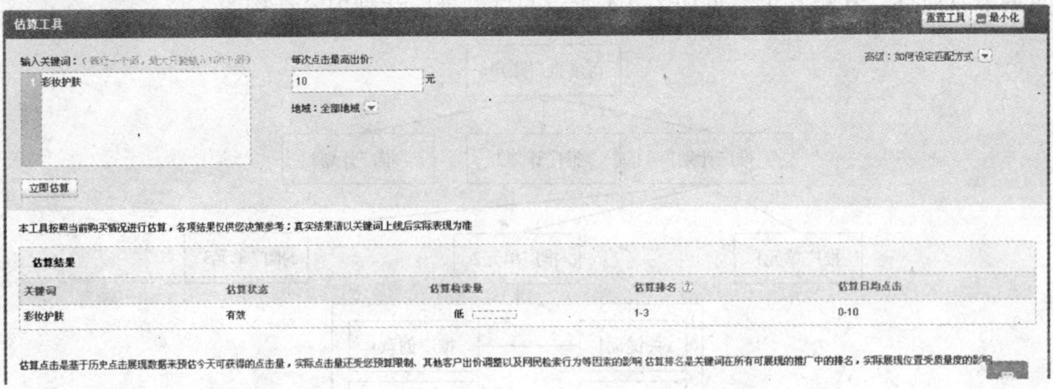

图 4.6 百度推广后台估计界面

通过在估价工具中对相应关键词进行出价，可以估算出出价所能获得的大致排名。在对出价和排名有了相应了解后，可以回到推广单元管理界面的出价框进行最后出价并保存。

（5）通过添加创意给每个关键词设置关联推广创意。具体见如图 4.7 所示的百度推广创意设置界面。

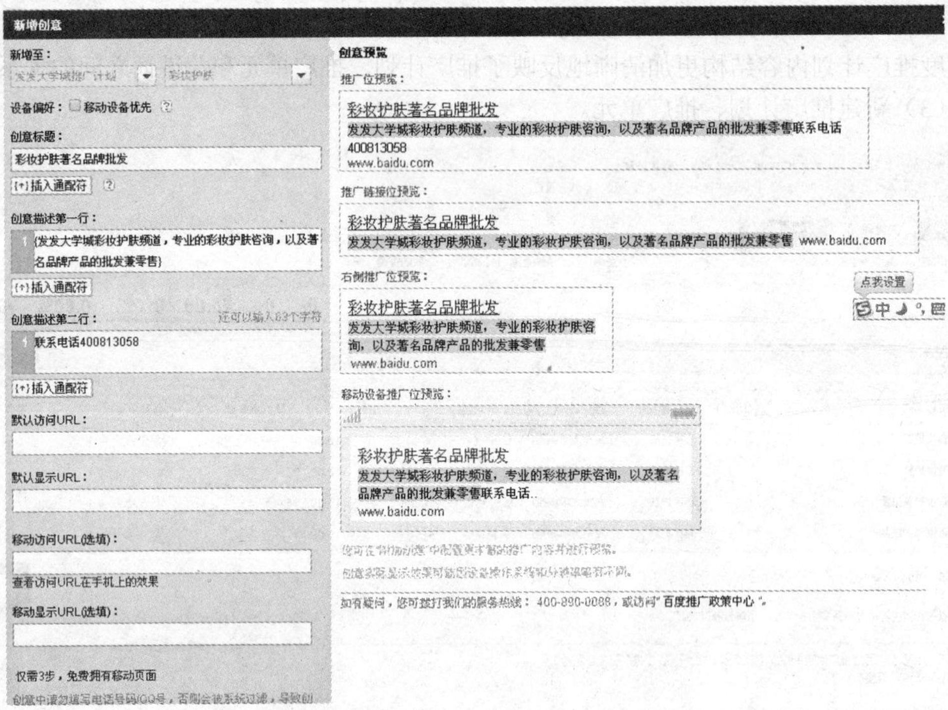

图 4.7 百度推广创意设置界面

图 4.7 中展示了在“彩妆护肤”单元，设置一个推广创意的界面，界面中通过创意标题、创意描述、默认访问 URL、默认显示 URL、移动访问 URL、移动显示 URL 等表单项目提交设置一条在百度搜索结果中展示的推广创意，图像右边部分是设置创意展示的预览。

4.6.2 搜索推广优势

（1）覆盖面广，针对性强，按效果付费，管理灵活，全程专业服务。

以百度为例，百度是全球最大中文网络营销平台，覆盖面广。

百度是全球最大中文搜索引擎，权威机构 Alexa 公布的 2008 年全球网站排名结果显示，百度位列全球网站排行榜前十，是最有影响力的中文站点之一。百度覆盖 95%的我国网民，每天接受数亿次搜索请求，在行业和客户中首屈一指。

（2）目标精准，针对性强，直接为企业带来客户。

搜索引擎是网民获知新网站和信息的最主要途径，在搜索时网民的需求已经通过关键词表现出来，而搜索引擎将根据网民需求给出高度相关的推广结果，最大可能地为企业创造商业价值。当前主流搜索引擎采取的“网页分析技术”、“中文分词”等技术及“反垃圾网页技术”等，保证了搜索结果的精准性。

（3）按效果付费，获得新客户平均成本低。

按照给用户带来的潜在客户访问（即有效点击）数量计费，没有客户访问不计费。

（4）根据业务需求精准定位潜在客户，如不同地域、不同时段、不同精准度等，帮助客户锁定目标用户群体，制定更加合理的广告投资。

（5）专业的推广管理系统，功能丰富，管理灵活。

搜索引擎推广链接业务后台功能丰富，其中关键词推荐建议、方便的查询工具、及时账户提醒，还有更多免费增值产品从多方面帮助用户制定推广方案、提高管理效率。

另外，多种详细的统计报告，为客户客观呈现推广效果，分析优化要点，帮助优化推广效果。

4.7 实训任务

4.7.1 实训任务 1：关键词策略设计

请围绕某高校网站夏季招生推广需求，确定 5 个关键词，并按照重要性从高到低排序。将关键词策略设计填写在表 4.2 中。

表 4.2 关键词策略设计表

序号	关键词	百度用户指数	媒体指数	竞争激烈程度

4.7.2 实训任务 2：百度竞价排名业务实训

假设自己负责某服装品牌的百度竞价排名业务，请登录百度凤巢竞价排名系统，注册推广用户，并在系统中进行推广计划、推广单元、关键词、推广创意的设计。

百度凤巢竞价排名系统地址：www2.baidu.com。

第 5 章

邮 件 营 销

5.1 邮件营销的概念

邮件营销是在用户事先许可的前提下，通过电子邮件的方式向目标用户传递有价值信息的一种网络营销手段。电子邮件营销是利用电子邮件与受众客户进行商业交流的一种直销方式。同时也广泛地应用于网络营销领域。由于其技术要求低、低成本的特点，被很多从事网络营销的企业使用。如图 5.1 所示为电子邮件营销流程图。

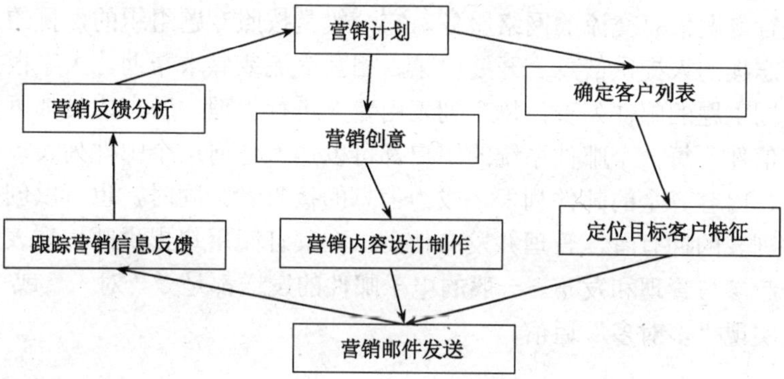

图 5.1　电子邮件营销流程图

5.2 邮件营销的前提

关于电子邮件营销的定义中强调了三个基本因素：基于用户许可、通过电子邮件传递信息、信息对用户是有价值的。三个因素缺少一个，都不能称之为有效的电子邮件营销。

5.2.1 基于用户许可

基于用户许可的表现方式有很多，包含线上与线下两大类。线上收集 E-mail 地址一般有网站在线注册、订阅等；线下收集 E-mail 地址一般有展会、名片交换、线下活动收集、超市买单收集等多种。

目前的邮件营销用户线上注册的时候，发送确认邮件进行激活确认（double-pop-in），可保证 E-mail 地址的准确性，同时增强用户对邮件的认识，提高许可性。

5.2.2 通过 E-mail 传递信息

通过 E-mail 传递信息，是邮件营销的技术基础。首先要保证 E-mail 的送达，才能谈得上邮件营销。要保证群发邮件的正确送达，最好选择第三方专业的 EDM 服务商。

5.2.3 信息对用户有价值

向用户传递有价值的信息，是许可式邮件营销的核心环节。基于用户许可的邮件群发，不一定是邮件营销。只有良好的相关性与数据分类，保证传递给用户有价值的信息，才称得上是真正的邮件营销。

通过将 E-mail 与社交网络（SNS）、Web 网站等进行整合，同时利用相应的分析工具和专业的 EDM 系统，进行更加详细的用户信息追踪行为，然后进行有针对性的邮件发送。

5.3 邮件列表

5.3.1 邮件列表概念

邮件列表是为了解决一组用户通过电子邮件互相通信的要求而发展起来的，是一种通过电子邮件进行专题信息交流的网络服务。它一般是按照专题组织的，目的是为从事同样工作或有共同志趣的人提供信息、开展讨论、相互交流或寻求帮助。大家根据自己的兴趣和需要加入不同主题的邮件列表，每个列表由专人进行管理，所有成员都可以看到发给这个列表的所有信件。每一个邮件系统的用户都可以加入任何一个邮件列表，订阅由别人提供的分类多样、内容齐全的邮件列表，成为信息的接收者。同时，也可以创建邮件列表，成为一个邮件列表的拥有者，管理并发布信息，向其订阅用户提供邮件列表服务，并可授权其他用户一起参与管理和发布。一般的电子邮件的发送都是“一对一”或“一对多”，邮件列表中可以实现“多对多”通信。

5.3.2 邮件列表分类

邮件列表有公开、封闭、管制 3 种类型。

（1）公开类型。邮件列表可供所有人自由讨论，即使不是这个邮件列表的订户也可以自由地发送邮件给这个邮件列表的所有订户。常见于公开的论坛。

（2）封闭类型。只有邮件列表的订户才能互相发送邮件。常见于网络社团、俱乐部或公司内部讨论组等。

（3）管制类型。只有经过邮件列表管理者许可的电子邮件，才能发送给邮件列表的其他订户。常见于电子刊物。

5.3.3 邮件列表的作用

优秀的邮件列表可以让邮件营销事半功倍。收集邮件地址的时候，有意识地进行数据分类，可提高列表相关性，从而提高用户对邮件的反馈效果。

很多人错误地认为邮件列表需要在搜索引擎上来收集其他网站上的邮件地址或是购买

别人的邮件列表，这样是没有多大意义的。由于邮件列表的不精准，不但会被人认为是垃圾邮件，还大大增加了邮件发送的难度。所以应尽量使用更精准的邮件列表，可以通过自己的网站和消费群体进行收集，他们可能是网站的注册用户，也可能是订阅过资讯和购买过产品的人。

5.3.4 邮件列表的建立案例——腾讯 QQ 邮件列表

QQ 邮件列表是腾讯公司最新推出的一项不收费的群发邮件服务，QQ 邮件列表体现了“站长/企业构建邮件内容，读者主动订阅邮件，QQ 邮箱提供发信服务”的三方关系。统计页面是 QQ 邮件列表的又一亮点，及时获取到达率、阅读率、点击率等效果反馈，对评估推广效果，及时修改推广策略，确实颇有裨益。通过它，企业可以在网站上添加订阅入口获取用户订阅。用户订阅后，就能定期给订阅用户群发邮件，发布站点最新文章、消息等信息，特别适合博客、网站、论坛、网店这类需要及时发布更新信息的个人或企业，维护、二次发掘已有的客户关系，开拓更多数量的潜在客户。

具体操作步骤及界面如下。

（1）使用 QQ 号登录腾讯邮件列表地址 list.qq.com。如图 5.2 所示的 QQ 邮件列表首页。

图 5.2 QQ 邮件列表首页

（2）登录后管理自己的邮件列表，如图 5.3 所示为 QQ 邮件列表管理界面。

图 5.3 QQ 邮件列表管理界面

（3）单击界面最下部的创建邮件列表按钮，进入列表创建界面。填写标题、栏目简介等关键表单项，单击“完成”按钮即可创建属于自己的邮件列表，如图 5.4 所示为创建邮件列表界面。

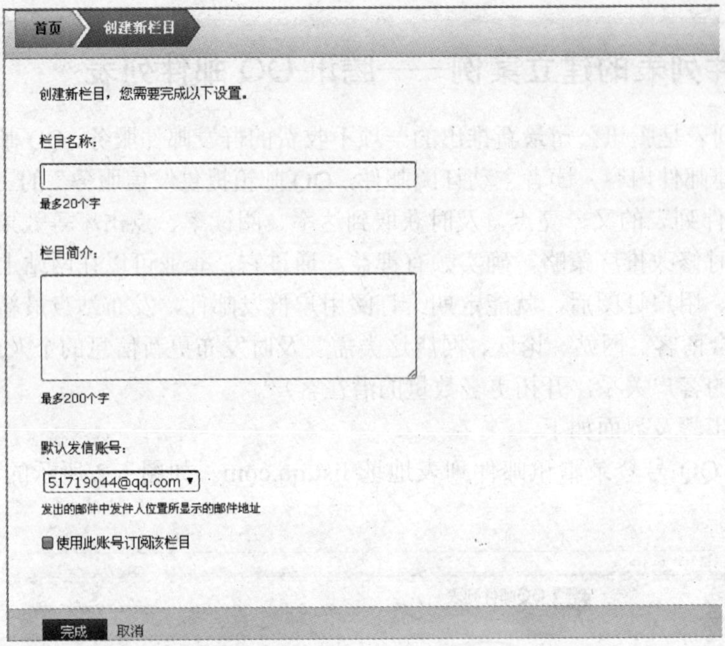

图 5.4　创建邮件列表界面

（4）回到邮件列表首页。单击已创建的邮件列表中的任意一个即可进入该邮件列表的管理界面，如图 5.5 所示为邮件列表管理界面。

图 5.5　邮件列表管理界面

（5）单击“收集订户”按钮，可进入邮件列表订阅链接管理界面，如图 5.6 所示为邮件列表收集订户界面。

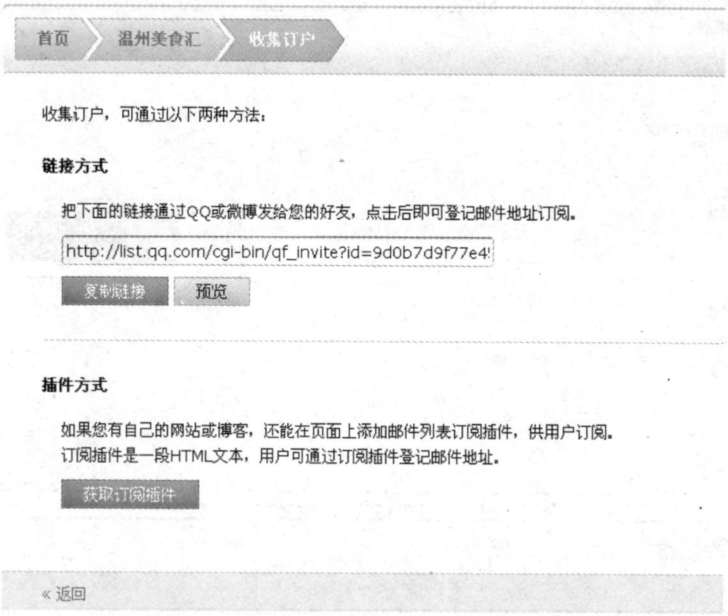

图 5.6　邮件列表收集订户界面

（6）单击图 5.6 中“获取订阅插件”按钮，进入订阅插件获取界面，如图 5.7 所示为邮件列表获取订阅插件界面。

图 5.7　邮件列表获取订阅插件界面

图 5.7 中列出了当前网络中主流的各类交互平台的插件列表，如 QQ 空间、新浪博客、淘宝网店等。

（7）单击“QQ 空间”，进入 QQ 空间插件获取界面，如图 5.8 所示为订阅插件信息界面。

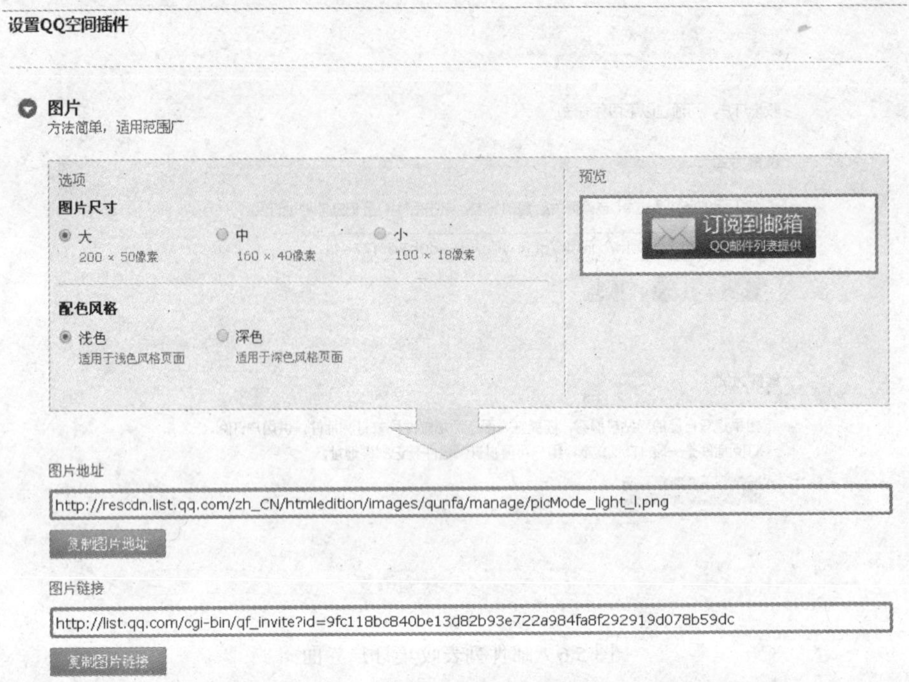

图 5.8　订阅插件信息界面

（8）在 QQ 空间后台管理界面中新增信息模块，并将图片地址和图片链接地址分别复制、粘贴到相应的信息模块，即可在自己的 QQ 空间中展示自己的邮件列表订阅按钮了。其余如博客、论坛、网店的邮件列表订阅方式与之类似。具体效果见图 5.9 所示的 QQ 空间调用邮件列表订阅插件界面。

图 5.9　QQ 空间调用邮件列表订阅插件界面

5.4 邮件营销的评价指标

5.4.1 打开率

打开率是指有多少占比人数（以百分比的形式）打开了发送的邮件。这个参数变得越来越不重要了。电子邮件的打开率是通过在邮件中放置一个微型图片来追踪的，但是许多邮件服务商都会拦截图片，使图片无法显示。因此客户可能打开了的邮件，但系统会记录他没有打开，除非他主动使邮件中的图片显示出来。有报告称，标准的打开率报告根据收件人列表质量不同，最多可能要降低 35%。

5.4.2 点击率

点击率是指单击数除以邮件打开数（注意不是发信总数）得到的百分比。不同的用户以不同的方式来衡量点击率。那么，每打开一次邮件，是所有的点击都计算还是只算一次呢？对于这个问题，还没有统一的答案。这个参数非常重要，因为邮件营销的全部目的就是吸引客户访问的着陆页或网站。

5.4.3 送达率

送达率是指到达客户收件箱（相对于进入垃圾邮件箱或是“收件人不详”的黑洞）的邮件数除以邮件发送总数得到的百分比。如何使邮件成功进入收件箱是一个相当复杂的过程。

5.4.4 退订/反订阅

退订/反订阅是指收件人从收件人列表中自行退出的能力，其中有两种方式：完全退订和针对某一列表的退订。完全退订是指收件人要求退出所有的收件人列表，不再收到由发件人发出的任何邮件；针对某一列表的退订是指收件人要求退出的某一收件人列表，不再收到由发件人发给这个列表的任何邮件。比如说，他们不愿意收到特惠信息，但是又想收到每周新闻。

5.4.5 退信数

退信数是指因“无法送达”而退还给发件人的邮件数。造成退信的原因有：邮件地址拼写错误，邮件收件箱已满，以及其他很多原因。如果收件人列表是通过购买、租借得到的，那么这个参数是非常重要的，因为它能告诉购买的邮件地址中有多少个是无效的。

5.5 邮件营销的实施

5.5.1 前期准备

1. 对比测试许可式营销表格

对比测试是网络营销者的重要武器。对网站和营销活动中不同变量进行观测，评估能产生最多邮件订阅量的营销组合。

例如，如果不能确定许可式表格应该放在网站的什么位置，或者“登录”按钮到底该用什么颜色，这时候对比测试就能在多种选择中找出效果最明显的那个。在进行对比测试之前，记得查看邮件系统的帮助部分。大多数顶级的邮件管理系统都把对比测试作为一项默认功能。

2. 调查用户

拥有客户邮箱最大的好处之一就是可以进行市场调查。例如，如果纠结于对品牌 A 还是品牌 B 进行库存，千万不要想当然。可以做一个调查问卷，然后看看客户的反馈。通过这种调查，也可以收集到这些客户的偏好数据。

3. 先助人，后销售

可以给客户发送对他们有帮助的邮件，并以此加深与他们之间的关系。当客户开始把发件人看做一个行业专家时，销售量很有可能就随之而来地增加。

4. 细分用户

邮件越具有针对性，其效果就越好。关键是客户的细分——根据订阅用户的某些共性进行分组。例如，可以把那种每个月来消费固定金额的用户分为一组，或者把会点开每一封邮件中的每一个产品的用户分为一组。

不同的商业模式和不同的行业中，可能细分用户的结果各不相同。但是试过不同的目标客户的细分之后，邮件内容会变得更加有趣，相关性更高，最后，销售也更多。

5. 定期整理用户列表

用户列表中不再打开邮件的用户会浪费时间和金钱。因为大部分邮件发送系统的收费都是基于发送数量，所以每个月花点时间去整理下用户列表，去除无用名单是非常必要的。可以在邮件发送系统中用搜索功能找出那些一段时间内不再打开邮件的用户，清除掉他们。保持用户列表的“清洁”，可以保证邮件营销更加高效。

5.5.2 实施步骤

邮件营销是一个闭环过程，经过长期循环的邮件发送与优化从而达到良好的邮件营销效果。一次邮件营销活动的实施步骤如下。

1. 确定邮件营销的任务、目的和主题

例如：根据本次电子邮件营销的总体任务，如“一款时尚冬装产品的推广”，制订相应的“开信率”、“回复率”、“退信率”指标，并按照该指标进行相应网络活动主题、细节的设定。可以对某次邮件营销活动制定如表 5.1 所示的目标考核表，并对每次的群发活动后期数据进行记录。

表 5.1 电子邮件营销目标考核记录表

时尚冬装产品电子邮件营销目标考核指标记录				
	开信率>10%	回复率指标>5%	退信率指标<0.1%	退订率指标<0.05%
第一周				
第二周				
第三周				
第三周				

2. 对客户邮件列表进行分组、建立邮件发送列表

根据第 1 步所设定的任务目标，可以对已掌握的客户邮件列表进行筛选、分类、整理，针对本次产品网络营销所面向的客户群体建立不同层次的邮件发送列表。

3. 确定邮件营销工具

邮件群发工具的选取可谓是邮件营销成败最为关键的先决条件。邮件群发工具支持什么类型的邮件内容，有多少模版可选择，有怎样的群发邮件机制，送达率有多少，有无邮件群发数量限制，邮件数据监控分析效果如何等直接影响着邮件营销的效果。选择一款适合和专业电子邮件营销工具，重点在于为了获得方便的列表管理、高效的邮件群发、完善的邮件营销数据分析、后续跟踪功能。

4. 策划发送内容、确定邮件内容与设计

根据本次电子邮件营销所面向的客户群体特征，如年龄、兴趣爱好、职业、学历等。针对性地设计邮件的形式（普通宣传单页、精美电子杂志、便利小软件等），并相应地设计美观简洁的邮件内容。

第一，要有创意的邮件标题

当收件人打开邮箱的时候，一个有创意的标题会吸引收件人打开邮件，只有打开邮件才会看到邮件里面的内容。邮件标题会直接影响到邮件的打开率，所以在邮件营销的过程中需要反复地测试邮件收件人的喜好，进行头脑风暴选择一个可以令邮件收件人乐意打开邮件的创意。要注意两点：第一是邮件的主题，第二是邮件的发送单位的名称。这里面已经决定了邮件所取得的效果是否具有品牌的效应。而一般的发件人没有这方面的策划和邮件主题的制作，会显得十分的垃圾，这种垃圾邮件能够获得客户的概率是极少的。

第二，要好的邮件内容策划

一个好的邮件内容需要贴近邮件发件人，与营销目的相结合，在不会对邮件收件人反感的基础上进行策划。如果邮件的内容是收件人感兴趣的，那么会大大增加邮件营销的效果。内容的设计决定了收件人是否会选择商品，产生购买。当长期地通过内容设计上来构造黏性内容所获得效果是巨大的。另一方面，为链接添加精准的着陆页，是邮件转化率的关键。

第三，邮件的视觉设计

这一点对于整体邮件的模版制作和视觉设计起到了决定性的作用。往往视觉设计是根据所开展的业务的定位和层次来决定模版的制作。邮件模版的设计不但是为了追求美观以吸引用户的眼球，更要符合国际反垃圾邮件组织的设计规则，尽量避免由于模版设计的失误让我们的邮件进入对方的垃圾邮件箱，或进入邮件厂商的黑名单。

如图 5.10 所示为某邮件营销商发送的电子邮件广告单页。

5. 确认发送频率、邮件发送与过程控制

邮件发送频率对于用户是否信任邮件发件人至关重要，设想一下，用户如果一天一次甚至多次地收到营销邮件，不退订才怪。根据行业的经验，邮件营销的发送频次最好定在每周或者两周一次的频率。而邮件的发送频次还应与发送过程中反馈的开信率、回复率相关联，并进行实时地调整。

6. 反馈结果分析与效果评估

通过发送报告可以将发送效果进行量化，比如到达率、打开率、内容点击率等重要参

数的分析，将没有到达的邮件进行过滤，将不同的邮件内容和标题进行多次测试。选择最优的方案进行持续营销。

最终要将对效果的预期和成本投入进行投资回报率（ROI）的评估，以便于每次邮件营销成本的控制。投资回报率计算公式如下。

投资回报率=营销产生价值/投资总额×100%

图 5.10　电子邮件广告单页

5.5.3 邮件营销实施技巧

1. 称呼收件人

除了要写明称呼（例如：李先生）之外，也要谨记在“收件人”一栏填上收信人的名字及邮件地址。这一方面是基于礼貌，另一方面是因为有些电子邮件过滤软件会将在“收件人”、“抄送”或“密送”几栏中没有填写收信人电子邮件地址的信当成垃圾邮件处理掉。

2. 通俗易懂

对顾客的特性有两个很常用的描述，一是顾客永远是对的，还有就是顾客永远是不耐烦的。因此应把邮件内容整理得尽量易懂而直接。将内容清楚分段，再配合小标题，用户就易于阅读及理解。不妨将长篇大论的产品资料分拆成简单易看的要点。

3. 提供公司的联系方式

虽然收件人很少会直接联系发件人，但此举有助澄清这封邮件不是垃圾邮件，也不是来自伪冒网站的。因此，提供真实的联络方法，如电子邮件、电话号码与传真号码等。可给收件人留下一个正面的印象。

4. 将邮件内容放到互联网网站上

每次发送一份邮件之前，先把它放到自己的网站上。一方面，让读者得知那份信息绝无虚假。另一方面，也方便用户浏览以往每一期的内容。事实上，如果这些定期信息作得好，可以成为公司网站的宝贵内容，吸引读者浏览，从而刺激他们留意产品。

5. 内容选择干净的设计

一定要有足够的白色空间，以便浏览者容易留意到邮件的每个元素。还有一个设计提示：如果邮件由过多图片组成，人们第一感觉会先留意到旁边的白色区域，而不是邮件主体。正确的邮件设计应是简洁的文字加以适当的图片。

6. 配合其他媒体

邮件是一个很好吸引流量到博客或社交媒体上的方式。只需要在邮件上发布信息摘要，然后连接到有完整内容的博客或社交媒体上就足够了。

通过以上邮件营销环节的分析，可以明显地体会到各个环节在邮件营销中所占的重要性。其中邮件群发工具、邮件内容、邮件地址列表、邮件标题、邮件发送频率、邮件发送跟踪分析等核心环节执行好坏将会对邮件营销的效果造成核心影响。

5.6 邮件营销的常用工具

邮件营销软件有很多，基本上都是围绕邮件列表管理、邮件模版编辑、邮件群发、邮件收发跟踪、邮件营销数据分析等功能开展，以下就业界最著名的“邮件营销大师”软件做一个典型介绍。

邮件营销大师

邮件营销大师是一款邮件发送及邮件信息管理软件，主要特色和功能如下。

1. 基于向导的集成环境

项目管理：可创建并管理无限量的项目，并合理组织和安排用户的项目进程。

向导指引：通过向导的方式指导运作中的每一个阶段。典型的项目运作流程包括邮件设计、脚本处理、列表管理和邮件发布。发布任务完成之后，即可等待邮件反馈和跟踪结果或生成项目报告。

简明而强大：几分钟内即可学习并掌握账号管理、邮件编辑、脚本控制、列表管理、邮件发布等项目控制组成部分。

多语言：通过鼠标单击即能瞬时切换程序界面至用户需要的国家的语言。

2. 创建图文并茂的邮件内容

所见即所得编辑：内置强大的所见即所得邮件编辑器，配合数百个生动、活泼的邮件模版，令用户的邮件耳目一新。同时，如果用户习惯使用 Dreamweaver、FrontPage 等网页编辑器，它可以全面兼容。

丰富的邮件模版：数百个分类的邮件内容和样式模版将帮助和简化用户的邮件创作过程。

HTML 和文本混合邮件：邮件中可同时包括纯文本内容和 HTML 内容，保证用户的客户不会因为邮件客户端的限制而导致邮件无法阅读。

邮件媒体嵌入：邮件内容中可直接嵌入图片、声音、Flash 等多媒体内容，用户无须访问附件或者连接网络即可查看。

邮件个性化：类似 Active Server Page（ASP）脚本语言，通过个性化脚本的嵌入，可帮助用户个性化邮件的内容，让邮件更有亲和力。

导入和导出：通过简单的单击操作来保存或者读取邮件内容。例如，用户可以将邮件内容保存为模版，或者导入在线的网页将其作为邮件的内容。

3. 多渠道维护邮件列表

集成外部列表数据库：系统可将 Excel、Access、SQL Server、Sybase、Oracle、MySQL、XML 以及其他 ADO 或者 ODBC/OLE DB 兼容的数据库作为邮件列表数据源。可根据邮件列表数据库的特点自动生成所需的列表数据查询。

直接连接列表：系统可选择直接连接邮件列表数据库而无须对邮件列表进行导入，从而节省用户的时间，并且能保证邮件列表数据的有效性和实时性。

预定义列表：通过邮件列表数据源的预定义和列表数据查询的预定义对列表数据库进行快速访问。

内置百万级列表数据库：项目中包含邮件列表数据库，可对该项目独有的联系人列表进行维护。

邮件列表验证：可检查邮件地址的合法性、有效性，以及检查邮件地址是否重复。

排除黑名单：可创建和维护收件人黑名单，而不需要通过列表管理进行删除。

支持 SQL 查询：如果用户具有数据库管理经验并且熟悉 SQL，系统可通过 SQL 查询快速创建收件人。

导入和导出：可对列表数据进行导入和导出，几乎兼容所有数据库。

4. 个性化邮件的内容

字段合并：可在邮件的主题或者正文中插入收件人的属性字段进行个性化，数量没有限制。

动态内容：个性化脚本允许用户在邮件发送之前，可根据条件更改某邮件的内容。例如，用户可以根据收件人所在的国家、订购的产品、注册日期等信息来决定该收件人的邮件内容。

高级个性化：除了合并收件人属性功能，只要用户有足够的用户信息，个性化脚本还能帮助用户完成更为复杂的个性化功能。例如，个性化邮件中的附件、个性化邮件的格式等。

VBScript 兼容：如果用户熟悉 VBScript 或者 Active Server Pages，用户会发现个性化脚本的运作方式与它们一致。用户可通过全局脚本来进行更深层次的个性化。同时，软件提供了大量的示例，可帮助用户更快地掌握个性化脚本。

邮件预览：确定了邮件内容和收件人之后，用户可预览或者测试发送针对每个收件人的个性化邮件内容。

5. 快速发送邮件

可选邮件格式：用户可选择邮件是纯文本或 HTML 格式，或者两者兼有。

免 SMTP 发送：邮件可通过直邮方式或者中转方式进行批量发送。内置的邮件发送服务（SMTP）帮助用户避免受到 ISP 的发送数量限制。

邮件加密传输：通过 S/MIME 协议，可发送安全的邮件。邮件中可包含电子签名，并且内容经过加密处理，从而保证邮件发送的安全性、完整性以及机密性。使用邮件发送商业数据、账单、个人隐私信息都成为可能。

计划和定时发送：通过助手程序，定时发送邮件任务，或者按每日、每周、每月等方式循环对邮件进行发送。

动态速度调整：可根据用户的网络带宽、邮件服务器性能或者接收方邮件服务器的限制，加快或者减慢邮件发送速度，从而避免邮件发送请求遭到拒绝。

多线程发送：只要用户的计算机速度足够，邮件营销大师即可充分使用用户的网络带宽。发送链接和线程数能支持多达 512 个。在通常的 CPU、数据库和内存容量情况下，每秒钟可生成并发送上百封个性化的邮件。某些 ISP 会限制一定时间内邮件的发送数量，这种情况下，用户可通过定义发送时间间隔控制用户的邮件发送流，来保证邮件的顺利到达。

发送测试：用户可在邮件正式发布之前给自己发送测试邮件，从而进一步验证邮件显示和个性化的效果。

发送重试：邮件发送由于多种原因无法避免失败，系统可自动对发送失败的邮件进行不断地重试发送。

发送中断和继续：邮件发送过程中，可随时中断或者继续发送任务，系统能自动记住用户发送中断的位置。

6. 处理邮件订阅和退订

通过邮件或者网页表单订阅列表：如果用户拥有自己的网站，系统可帮助用户实现通过网页表单提交方式的邮件订阅；如果没有，用户则可以选择让收件人通过发送邮件至用户指定的邮箱来实现订阅。系统能自动实时地处理订阅和退订的请求。

插入退订链接：系统可帮助用户在邮件中自动插入退订链接，收件人单击链接即能自动发送退订请求邮件通知列表管理程序要求邮件退订。

收件管理：如果用户使用非在线的邮件列表库，系统可自动通过网页表单订阅或退订的请求转为电子邮件发送至用户的信箱，然后再进行判断处理。

7. 在线订阅和跟踪服务

订阅多个邮件列表：在同一个订阅表单中，可列出多个列表的名称让用户选择订阅。

自定义表单：用户可以自定义邮件订阅表单，并允许用户在订阅的同时输入或者修改个人信息。

跟踪邮件打开和单击：邮件跟踪服务帮助用户实时监控每一个收件人收到邮件后的行为，例如打开邮件或者单击邮件中的链接。

基于 XML：邮件订阅和邮件跟踪的结果都通过标准的 XML 数据格式与邮件营销大师进行交互。

8. 专业实时的报告

强大的项目结果报告：系统可随时生成图文并茂的邮件发送结果报告、邮件跟踪结果报告等项目报告内容。通过项目报告，用户可以了解自己的邮件列表有效性，列表客户对内容的接受程度，从而改善自己的商业规划。

强大的邮件列表报告：邮件列表报告以图表的方式告诉用户列表的规模、增长情况以及列表每日的订阅和退订数量。

5.7 电子邮件营销的优缺点

5.7.1 电子邮件营销的优势

1. 连续推销的机会，大幅提升转化率

假设一个浏览者，也就是潜在客户，通过搜索引擎来到某网站，这个浏览者正在寻找某种商品，而该网站正好提供这个商品。浏览者浏览了的网站首页和产品页，很感兴趣，但并不很肯定要在该网站购买。浏览者想再看看其他网站，所以又回到了搜索引擎。十分可惜的是，这个浏览者极有可能永远不会再回到该网站了，搜索浏览者一旦离开特定网站，再次进入的概率很低，除非该网站已经是业内有名的品牌，四处有该网站的消息和链接。

一般电子商务网站的转化率在1%是正常的，也就是说，一般情况下，99%的潜在客户来到网站浏览，没买东西就离开，以后再也不会回来了。这对前期所有网站推广的成效实在是一个浪费。

作为网站运营者，拿到潜在客户的电子邮件地址后，也就拿到后续沟通的方式和不断提醒潜在客户的权利。通过发给潜在客户的电子书，以及电子杂志中的小窍门、行业新闻、节日问候、等软营销信息，使得潜在客户更加信任该网站。并且由于这些重复的提醒，潜在客户记住了该网站名称和地址。当潜在客户决定要买某商品时，该网站就在潜在客户的备选网站的最前面了。

如果网站设计以及电子杂志策划得当，注册电子杂志的转化率可达到20%。相对于1%的销售转化率，通过电子邮件营销将极大地提高最终销售转化率。

2. 成本低廉、几乎完美的营销渠道

电子邮件营销之所以效果出众，甚至造成垃圾邮件横行，最重要的原因之一是成本十分低廉。只要有邮件服务器，联系十个用户与联系成千上万个用户，成本几乎没什么区别。当然如果要发上百万封邮件，情况就不同了，因为需要专用的服务器及非常大的带宽。

相比搜索引擎优化需要几个月、甚至几年的努力才能充分发挥效果，博客营销更是需要时间以及大量的文章。社会化网络营销需要花时间参与社区活动，建立广泛关系网，而电子邮件营销只要有邮件数据库在手，发送邮件后几小时之内就会看到效果，产生订单。

许可式电子邮件营销的对象是最精准、最有可能转化为付费客户的一群人。其他网络营销手法获得的用户大多是以随意浏览的心态进入网站，并不是非常主动地。而许可式电子邮件则不同，凡进入邮件数据库的都是主动填写表格，主动要求发送相关信息给他们的一群人。在经过几封邮件的联系后，只要发送的信息对用户有帮助，他们将变成一群忠诚的订阅者。

3. 建立长期信任关系

电子邮件营销还使网站营销人员能长期与订户保持联系。订阅者连续几年看同一份电子杂志是很常见的。互联网上信息令人眼花缭乱、数不胜数。能数年保持与同一个订户的固定联系，在当今的互联网上是十分难能可贵的财富。以这种方式建立的强烈信任和品牌价值是很少有其他网络营销方式能够达到的。网站有任何新产品，或有打折促销活动，都能及时传达给这批长期订户，销售转化率也比随机来到网站的浏览者高得多。

花费广告预算，把时间、精力投入到网络营销中，潜在用户来到网站，不能直接转化为消费用户，营销人员也没有获得持续联系的机会的话，浪费不可说不大。许可式电子邮件营销就是抓住潜在用户，获得后续联系机会的最佳方式。

5.7.2 电子邮件营销的劣势

1. 垃圾邮件的冲击

电子邮件营销的效果受到信息可信性、广告内容、风格、邮件格式等多种因素的影响，并非所有的电子邮件都能取得很好的营销效果。收件人一般称之为“垃圾邮件”，即提供的邮件内容在收件人不感兴趣、不尊重收件人权力的情况下强制收件人接收邮件。垃圾邮件使得潜在客户反感邮件发送方，从而降低了品牌美誉度，任何网络营销者通过垃圾邮件营销只会对企业品牌和产品起到负面效果。

由于垃圾邮件泛滥，有价值的信息往往被大量无用信息淹没，也很容易造成有价值信息的丢失，垃圾邮件也影响收件人对于电子邮件信息的可信度。出于过滤垃圾邮件等原因，一些邮件会遭到邮件服务商的屏蔽，从而无法准确到达目标收件人的邮箱。

2. 邮件列表信息的限制

在很多情况下，收件人在网上登记的资料往往不完整或不真实，通常只有一个邮件地址，当收件人电子邮箱变更，或者兴趣发生转移，原有的资料可能就已经失效了，除非收件人主动更换邮件地址，否则很难跟踪这种变化。如果可以掌握更多收件人信息，如包含了公司/名称、地址、行业和产品等，就可以大大提高营销效果。

3. 专业化程度低

由于缺乏专业的网络营销人员，并且由于专业电子邮件营销服务商的经营水平等方面的限制，电子邮件营销的效力实际上要大打折扣，有时甚至效果并不明显。特别是对于定位程度比较低的情形，营销效果将远远低于正常水平，而对于未经许可的“邮件营销”，不仅招人讨厌，可能根本不会取得实际效果。

4. 价格优势是相对的

电子邮件营销价格低廉是在发送数量比较大的条件下才可以充分表现出来，如果发送邮件数量比较少，其价格优势也就不很明显了，因为无论发送多少封邮件，都要经历邮件内容设计、制作、发送、跟踪、控制等流程，发送数量越多，每封邮件的边际成本也越低，这种情形在企业利用内部列表自行开展电子邮件营销时更为明显，维护一份邮件列表的内容，无论发行数量为一千封还是一亿封，所投入的资源基本上都是一样的。

5. 各类邮件营销指标降低

阅读率降低。收件人的兴趣在不断变化，而收件人注册资料之后很难及时更新，当他对原来订阅的信息不再感兴趣时，即使不退订，也不会去认真阅读。

回应率逐年在降低。用户邮件地址经常更换也会造成信息无法有效送达，退信率上升。信息传递障碍已经成为影响电子邮件营销发展的主要因素之一。如同其他网络广告形式一样，E-mail 广告的点击率也不断降低，这将从整体上影响电子邮件营销的效果。根据专业网络广告公司的调查结果，电子邮件营销的平均点击率已经从目前降到 4.9%。尽管如此，这个回应率仍然高于其他网络广告形式。造成这种状况的原因是多方面的，并且可能会保持持续下降趋势，因此，对电子邮件营销抱有过高的期望是不现实的，也正因为如此，才有必要深入研究电子邮件营销的规律。

5.8 邮件营销的趋势

5.8.1 个性化

随着企业对邮件营销提出更高的要求，邮件营销技术和产品也在不断推陈出新；基于对邮箱用户多重属性和特征的分析和挖掘，利用推荐引擎技术，自动化地生成一对一的个性化的内容，利用邮件组装和发送引擎，把内容组装成个性化邮件和个性化标题，批量地发送给邮件用户；这种个性化邮件营销方式，内容和用户喜好的匹配度更高，用户体验性更好，让营销效果得到很大提升；尤其在 B2C 电子商务行业，正在被广泛应用。

5.8.2 标签化

过去的邮件营销的内容，基本都是“日抛型”，内容或链接背后的标签没有得到很好的定义。当前，许多创新的邮件营销服务，推出对邮件内容和版块、链接的标签化功能；这种是借鉴网页 Cookies 的作用和思路，让邮件用户对每个链接的单击，进行跟踪，通过链接的标签，去挖掘用户的偏好，通过不断地跟踪数据累计，系统也完成了对邮件用户的标签化。

5.8.3 多屏化

移动互联网的快速发展和普及，对用户收发邮件、阅读邮件的场景和终端产生了重大影响。越来越多的邮箱用户，利用手机和 Pad 去阅读邮件，传统的邮件内容，在这些终端上的显示，出现了下拉条、图片变形等展示的问题。创新的邮件营销服务商推出了根据不同终端的自适应的邮件模版功能。这样，让用户不管在 PC，还是手机、Pad 端都获得了很好的阅读体验。

5.8.4 价值体现

所有的客户对于公司或品牌都存在一个生命周期。该周期开始于他们成为客户那一刻，活跃期是在网站上购买产品或访问网站的时候，然后渐渐淡化乃至忘记品牌。不管是挖掘新客户还是维护老客户，电子邮件都是一种非常有效而可靠的客户沟通方式。

即使是群发邮件，也不难做到个性化，所以在客户生命周期的任何一点都可以创建正好符合客户需求的邮件。可以以较低的成本去联系和招揽新客户，也可以在客户完成第一次购买后继续向其推广品牌。给老客户发送电子邮件提醒、特别优惠或公司新闻，会给这些客户一个重返公司或网站的理由，同时，营销网站也会收获更多的客户价值。

在恰当的时候发送合适的邮件是激活、维持甚至赢回客户的关键。

5.9 实训任务

5.9.1 实训任务 1：邮件单页的设计

假设某奶粉企业要通过电子邮件营销方式推广 2～5 岁年龄段婴儿的婴儿奶粉，请策划一次优惠活动，以及相应邮件营销宣传单页，并使用 Photoshop 设计页面效果图。

5.9.2 实训任务 2：邮件营销大师的使用

请以实训任务 1 题目为主题，并结合实训任务 1 所设计的宣传单页，在邮件营销大师软件中进行邮件列表管理、邮件新建、邮件群发，以及邮件后续数据跟踪及分析功能的体验。

第 6 章

病毒式营销

6.1 基本概念

病毒式营销（Viral Marketing，也可称为病毒性营销）起源于“口碑营销”，是一种常用的网络营销方法，常用于进行网站推广、品牌推广等。病毒式营销利用的是用户口碑制造热点传播的原理，在互联网上整合媒体，这种“口碑传播”更为方便，可以像病毒一样迅速蔓延，因此病毒式营销成为一种高效的信息传播方式。而且，由于这种传播是利用目标消费者的参与热情在用户之间自发进行的，因此几乎是不需要费用的网络营销手段。

病毒营销中的病毒两字代表的并不是真正的“病毒”，对于一个网站，病毒营销是一种依赖式营销，让更多的用户感受到网站为用户带来的利益，并且在用户自己的社交网络中自愿地帮助网站进行下一步推广。

病毒式营销必然含有如下两个重要的功能。

1．人们在获得利益的同时参与病毒式营销

不知不觉地、不断缠绕式地宣传了商家的在线生意，信息传播者往往是信息受益者。

2．商家生意信息的传播是通过第三者“传染”给他人而非商家自己，而通常人们更愿意相信他人介绍而非商家的宣传。

免费邮箱、免费空间、免费域名、ICQ 网上及时交流软件等，都采取了病毒式营销方式。盗版微软视窗亦如此，比尔·盖茨撇开小利，其操作系统病毒式地占领了我国操作系统市场，而占领市场份额比当前的获利重要得多。

6.2 病毒式营销的特点

6.2.1 吸引力的病原体

任何信息的传播都要为渠道的使用付费。之所以说病毒式营销是无成本的，主要指它利用了目标消费者的参与热情，但渠道使用的推广成本是依然存在的，只不过目标消费者受商家的信息刺激自愿参与到后续的传播过程中，原本应由商家承担的广告成本转嫁到了目标消费者身上，因此对于商家而言，病毒式营销是无成本的。

目标消费者之所以自愿提供传播渠道的原因在于传播者传递给目标群的信息不是赤裸裸的广告信息，而是经过加工的、具有很大吸引力的产品和品牌信息，在这里称为病毒式营销的病原体。而正是这一披在广告信息外面的漂亮外衣，突破了消费者戒备心理，促使其完成从纯粹受众到积极传播者的变化。

网络上盛极一时的“流氓兔”证明了“信息伪装”在病毒式营销中的重要性。韩国动画新秀金在仁为儿童教育节目设计了一个新的卡通兔，这只兔子相貌猥琐、行为龌龊、思想简单、诡计多端、爱耍流氓、只占便宜不吃亏，然而正是这个充满缺点、活该被欺负的弱者反成了偶像明星，它挑战已有的价值观念，反映了大众渴望摆脱现实、逃脱制度限制所付出的努力与遭受的挫折。流氓兔的Flash出现在各BBS论坛、Flash站点和门户网站，私下里网民们还通过聊天工具、电子邮件进行传播。如今这个网络虚拟明星衍生出的商品已经达到1000多种，成了病毒式营销的经典案例。

6.2.2 几何级数增长的传播速度

大众媒体发布广告的营销方式是“一点对多点”的辐射状传播，实际上无法确定广告信息是否真正到达了目标受众。病毒式营销是自发的、扩张性的信息推广。它并非均衡地、同时地、无分别地传给社会上每一个人，而是通过类似于人际传播和群体传播的渠道，产品和品牌信息被消费者传递给那些与他们有着某种联系的个体。例如，目标受众看到一则有趣的Flash，他的第一反应或许就是将这则Flash转发给好友、同事，无数个参与的“转发大军”就构成了成几何级数传播的主力。

6.2.3 高效率接收

大众媒体投放广告有一些难以克服的缺陷，如信息干扰强烈、接收环境复杂、受众戒备抵触心理严重。以电视广告为例，同一时段的电视有各种各样的广告同时投放，其中不乏同类产品“撞车”现象，大大减少了受众的接收效率。而对于那些可爱的“病毒”，是受众从熟悉的人那里获得或是主动搜索而来的，在接收过程中自然会有积极的心态；接收渠道也比较私人化，如QQ、微信、手机短信、电子邮件、封闭论坛，等等（存在几个人同时阅读的情况，这样反而扩大了传播效果）。以上方面的优势，使得病毒式营销尽可能地克服了信息传播中的噪音影响，增强了传播的效果。

6.2.4 更新速度快

网络产品有自己独特的生命周期，一般都是来得快去得也快，病毒式营销的传播过程通常是呈S形曲线的，即在开始时很慢，当其扩大至受众的一半时速度加快，而接近最大饱和点时又慢下来。

针对病毒式营销传播力的衰减，一方面要在受众对信息产生免疫力之前，将传播力转化为购买力，方可达到最佳的销售效果。另一方面要在上一波病毒失效前，设计好后续的病毒式营销方案，并快速将病原体投入易感人群。

6.3 病毒式营销的载体形式

6.3.1 免费的服务

一些大型的网站或公司会提供免费的二级域名、免费空间、免费程序接口、免费计数器等资源，这些资源中可以直接或间接地加入公司的链接或者其他产品的介绍，也还可以是广告。特别是推出的窄告（一种围绕关键词展示的联盟广告），很适合放在这些免费资源中。由于这些服务都是免费的，对用户有着很大的吸引力，另外，当用户自己在使用并对外宣传的时候，就也为提供该服务的公司作了免费宣传。

6.3.2 便民服务

便民服务不像上面的免费服务那样需要一定的财力、物力，比较适合小公司或个人网站。在网站上提供日常生活中常会用到的一些查询，如公交查询、电话查询、手机归属地查询、天气查询等，把这些实用的查询集中到一起，能给用户提供极大的便利，会得到用户很好的口碑，也就能很快地在网民中推广开来。

6.3.3 节日祝福

每当到节日时，可以通过微信、微博、QQ、MSN、E-mail 等工具向朋友发送一些祝福，后面跟上网页地址或精美图片。由于节日里，大家都很高兴收到来自朋友的祝福和喜欢发祝福给朋友，一个病毒链就这样形成了。近年春节，腾讯微信团队推出旨在推广其微支付的新年抢微信红包的病毒营销活动，成为最为成功的病毒营销典型案例，如图 6.1 所示为微信红包。

图 6.1　微信红包

6.3.4 精美网页

娱乐是人生活的追求，不管谁定下什么目标，但最终是为了生活、娱乐，作一个精美的网页或精彩的笑话发给朋友，朋友一定会很高兴，也会很快地发送给他的好朋友。

6.3.5 口头传递

网络上使用最普遍的“口头传递”方式是“告诉一个朋友”或“推荐给你的朋友”等。

很多网站在网络广告、新闻信息、电子邮件后面使用类似的语句。对这种方法，各种网站的使用率是不一样的。对于一些娱乐网站，“告诉一个朋友”的使用率可能会高些。但对于大型网站，这类语言的使用率主要取决于所推荐内容的类型和用户群的特点。这种病毒式营销启动成本低并能快速执行，其效果还可以通过引入竞赛和幸运抽签得以增强。

6.3.6 人际关系网络

人际关系网络是由家庭成员、朋友或同事构成的，每个人都生活在人际关系网络中，几乎没有人是生活在人际关系网络之外的。根据社会地位的不同，一个人的人际关系网络中可能有几十、几百甚至数千人。互联网的网民同样也在发展虚拟社会中的人际关系网络，他们收集电子邮件地址，建立邮件列表与众人沟通，通过洽谈室结交新的朋友。网络营销人员需要充分认识实体社会和虚拟社会中这些人际关系网络的重要作用，通过病毒式营销把自己的信息置于人们的各种关系网络之中，从而迅速地把促销信息扩散出去。

6.3.7 事件策划

策划运作一个大范围或局部（或行业范围、圈子范围）轰动的事件，促使人们热议，或借用本有热点话题演变作二次传播成为变种之事件，其特征在于迎合现代人心理需求，如好奇、欲望、需要、贫乏，等等。

6.4 病毒式营销的一般规律

6.4.1 病毒式营销的“病毒”有一定的界限

不能利用软件技术手段在用户不知或者强迫用户做出信息传播行为，超出这个界限的病毒式营销方案就成为真正的病毒了。

6.4.2 成功的病毒式营销的六个基本要素

一个有效的病毒式营销战略的基本要素可归纳为如下6个。

（1）提供有价值的产品或服务。

（2）提供无须努力地向他人传递信息的方式。

（3）信息传递范围很容易从小向很大规模扩散。

（4）利用公共的积极性和行为。

（5）利用现有的通信网络。

（6）利用别人的资源进行信息传播。

根据这一基本规律，在制定和实施病毒式营销计划时，应该进行必要的前期调研和针对性的检验，以确认自己的病毒式营销方案是否满足这六个基本要素。

6.4.3 病毒式营销需遵照一定的步骤和流程

成功实施病毒式营销需要如下五个步骤。

（1）病毒性营销方案的整体规划和设计。

（2）病毒式营销需要独特的创意，病毒式营销之所以吸引人之处就在于其创新性。

（3）对网络营销信息源和信息传播渠道进行合理的设计，以便利用有效的通信网络进行信息传播。

（4）对病毒式营销的原始信息在易于传播的小范围内进行发布和推广。

（5）对病毒式营销的效果进行跟踪和管理。

6.4.4 病毒式营销方案设计需要成本

病毒式营销通常不需要为信息传递投入直接费用，但病毒式营销方案不会自动产生，需要根据病毒式营销的基本思想认真设计，在这个过程中必定是需要一定资源投入的，因此不能把病毒式营销理解为完全不需要费用的网络营销，尤其在制定网站推广计划时，应充分考虑到这一点。此外，并不是所有的病毒式营销方案都可以获得理想的效果，这也可以理解为病毒式营销的隐性成本。

6.4.5 网络营销信息不会自动传播，需要借助推广

在成功实施病毒式营销五个步骤中的第四步就是关于对病毒式营销信息源的发布和推广，因为病毒式营销信息不会实现自动传播，需要借助于一定的外部资源和现有的通信环境来进行，这种推广可能并不需要直接费用，但需要合理选择和利用有效的网络营销资源，因此需要以拥有专业的网络营销知识为基础。

综上所述，病毒式营销具有自身的基本规律，成功的病毒式营销策略必须遵循病毒式营销的基本思想，并充分认识其一般规律。

（1）为用户免费提供有价值的信息和服务而不是采用强制性或者破坏性的手段。

（2）在进行病毒式营销策略设计时有必要对可利用的外部网络营销资源进行评估。

（3）遵照病毒式营销的步骤和流程。

（4）不要指望病毒式营销方案的设计和实施完全没有成本。

（5）希望病毒式营销信息会自动在大范围内进行传播是不现实的。

6.5 病毒式营销的实施

6.5.1 总体实施步骤

通过对许多病毒式营销案例进行的跟踪研究发现，尽管每个网站具体的病毒式营销方案可能千差万别，但在实施病毒式营销的过程中，一般都需要经过方案的规划和设计、信息源和传递渠道的设计、原始信息发布、效果跟踪管理等基本步骤，必须认真对待每个步骤。

（1）应该进行病毒式营销方案的整体规划，确认病毒式营销方案符合病毒式营销的基本思想，即传播的信息和服务对用户是有价值的，并且这种信息易于被用户自行传播。

（2）病毒式营销需要独特的创意。

（3）信息源和信息传播渠道的设计。

（4）原始信息的发布和推广。

（5）对病毒式营销的效果也需要进行跟踪和管理。

6.5.2 独特创意

精心设计病毒式营销方案，无论是提供某项服务，还是提供某种信息。最有效的病毒式营销往往是独创的。独创性的计划最有价值，跟风型的计划有些也可以获得一定效果，但要作相应的创新才更吸引人。同样一件事情，同样的表达方式，第一个是创意，第二个是跟风，第三个做同样事情的则可以说是无聊了，甚至会遭人反感。因此病毒式营销之所以吸引人之处就在于其创新性。在方案设计时，一个特别需要注意的问题是，如何将信息传播与营销目的结合起来。

如果仅仅是为用户带来了娱乐价值，或者实用功能、优惠服务而没有达到营销的目的，这样的病毒式营销计划对企业的价值就不大了；反之，如果广告气息太重，可能会引起用户反感而影响信息的传播。

6.5.3 传播渠道

虽然说病毒式营销信息是用户自行传播的，但是这些信息源和信息传递渠道需要进行精心的设计，例如要发布一个节日祝福的 Flash，首先要对这个 Flash 进行精心策划和设计，使其看起来更加吸引人，并且让人们更愿意自愿传播。仅仅做到这一步还是不够的，还需要考虑这种信息的传递渠道，是在某个网站下载（相应地在信息传播方式上主要是让更多的用户传递网址信息）、还是用户之间直接传递文件（通过电子邮件、IM 等），或者是这两种形式的结合，这就需要对信息源进行相应的配置。

6.5.4 发布推广

最终的大范围信息传播是从比较小的范围内开始的，如果希望病毒式营销方法可以很快传播，那么对于原始信息的发布也需要经过认真筹划，原始信息应该发布在用户容易发现、并且用户乐于传递这些信息的地方，比如活跃的网络社区。如果必要，还可以在较大的范围内去主动传播这些信息，等到自愿参与传播的用户数量比较大之后，才让其自然传播。

6.5.5 跟踪管理

当病毒式营销方案设计完成并开始实施之后（包括信息传递的形式、信息源、信息渠道、原始信息发布），对于病毒式营销的最终效果实际上自己是无法控制的，但并不是说就不需要进行这种营销效果的跟踪和管理。实际上，对于病毒式营销的效果分析是非常重要的，不仅可以及时掌握营销信息传播所带来的反应（例如对于网站访问量的增长），也可以从中发现这项病毒式营销计划可能存在的问题，以及可能的改进思路，将这些经验积累为下一次病毒式营销计划提供参考。

6.6 病毒式营销的优缺点

6.6.1 病毒式营销的优点

1. 费用低廉

利用互联网便利的互动传播特性，制定一套合理的营销方案与传播亮点（能吸引大众进行口碑传播的亮点），并借用诸如“门户网、论坛、社区、E-mail、QQ”等形式，让信息广泛传播开来。如果运作恰当，甚至是不花一分钱宣传费，就能传播数百万人。

2. 传播高效

许多门户网、E-mail、QQ等互联网工具，都是颇具人气的，利用这些工具，能迅速让信息广泛传播开来。

3. 自愿传播

在病毒式营销中，信息传播者，往往是信息受益者。比如腾讯QQ，一个人没办法用，只能让更多的朋友知道这个产品，并一起使用这个产品，才能最大化利用这个产品。所以，信息受益者会毫无怨言地帮助商家传播信息。

6.6.2 病毒式营销的缺点

1. 违反公众道德

比如，许多“恶意”的祝福信息，就是利用病毒式营销进行传播的。像什么“给妈妈的祝福，看到后如不转发，××日内母亲必出事。”等等，这些显然与公众道德相背离的。

2. 各类负面效应，尤其会广泛传播。

比如，一些行业内幕，一旦被公布于互联网，会迅速蔓延，影响该行业的健康发展。

3. 误导公众

一些信息，往往会利用公众的某些心理，将错误或负面信息传播开来。比如，如今许多年轻人知道“××”明星的××隐私，而不知道我国的历史文化名人是何人。有时，部分不良信息确实会误导那些没有树立正确观念的社会大众。

6.7 病毒式营销的案例

6.7.1 吃垮必胜客

台湾的必胜客的病毒营销策划采用的是一份题目为《吃垮必胜客》的邮件，里面介绍了盛取自助沙拉的好办法，巧妙地利用胡萝卜条、黄瓜片和菠萝块搭建更宽的碗边，可一次盛到七盘沙拉，同时还配有真实照片。

下面是一位网友的感受：“我当时立即将邮件转发给我爱人，并约好了去一试身手。到了必胜客，我们立即就要了一份自助沙拉，并迫不及待地开始按照邮件里介绍的方法盛沙拉。几经努力，终于发现夹沙拉用的夹子太大，做不了那么精细的搭建工艺，最多也就搭2～3层，不可能搭到15层。”

这个案例成功地利用了客户的自信与贪小便宜心里，吸引了大量客户的关注和传播。

6.7.2 Hotmail“追尾”

hotmail.com是世界上最大的免费电子邮件服务提供商之一。在创建之后的一年半时间里，就吸引了1200万名注册用户，而且还在以每天超过15万名新用户的速度发展。

令人不可思议的是，在网站创建的12个月内，Hotmail只花费很少的营销费用，其营销费用还不到其直接竞争者的3%。Hotmail之所以呈现爆炸式的发展，就是因为利用了“病毒式营销”的巨大效力。

其原理和操作方法很简单：总是在邮件的结尾处附上一句“现在就获取您的 Hotmail 免费信箱”的链接。

6.7.3 Google 邮箱

Google 发布邮箱时，也许这个邮箱对 IT 行业之外的人没有什么吸引力，但当时对于 IT 行业内的人吸引力还是很大的。记得 Google 是采取了邀请的方式，那时为了得到一个邀请，到处问人家要。开通了邮箱以后才发现，原来也只是一个邮箱。现在看来，Google 邮箱之所以吸引人，大约是因为很多人看上了 Google 的品牌，另外，采用邀请这种方式，至少在初期代表了稀有，所以被一些人视为“专业”，现在，基本都不采用了。

6.7.4 百度指数

百度指数和 google 邮箱一样，采用了邀请的方式。百度指数的价值还是比较大的，对网络营销很有帮助，可以看到关键词一天、一月、一季的平均搜索量，是一个很好用的关键词评估工具。

6.7.5 某个中奖页面

通过 QQ 传播的。朋友通过 QQ 发来一个链接，是用户中了上亿元大奖的专题页面，用户的名字上了中奖的新闻，其次是中奖了搞慈善活动做善事的报道。用户看了之后必然玩心大起，马上把好几个朋友的名字填上去，给他们发了过去。

6.8 实训任务

6.8.1 实训任务 1：病毒式营销策划

假设以校园文化为宣传主题，请同学们 3 人一组进行一项病毒式营销的活动策划，要求对病毒式营销的营销目标、载体、内容、投放渠道、目标群体进行明确，并在一周内进行实施。

请以 Word 文档形式保存提交作业，文件名为学号加姓名。

6.8.2 实训任务 2：分析微信红包病毒式营销的方法特征及效果

请研究并分析著名的病毒式营销案例——微信红包所具备的病毒式营销特征与效果，提出其病毒式营销活动的成功与不足。

请以 Word 文档形式保存提交作业，文件名为学号加姓名。

第 7 章

论 坛 营 销

7.1 论坛营销的基本概念

论坛营销就是企业利用论坛这种网络交流的平台，通过文字、图片、视频等方式发布企业的产品和服务的信息，利用论坛的互动进行相关的技术业务咨询，从而让目标客户更加深刻地了解企业的产品和服务。最终达到宣传企业的品牌、加深市场认知度的网络营销活动。

论坛营销分为企业自建论坛营销和第三方论坛营销。企业自建论坛指的是企业为了推广品牌产品、服务新老客户，专门以企业品牌设立论坛，设专人管理，长期运营；而第三方论坛营销指的是企业在互联网中寻求具备一定知名度并与本企业品牌产品营销目标相关的论坛版块，并在论坛中申请多个账号，通过论坛的发帖、跟帖问答等操作实现企业品牌的树立、产品的网络营销。不管是企业自建论坛营销还是第三方论坛营销，他们都应该遵循论坛运营的基本规律和方法，才能达到预期的营销目标。如图 7.1 所示为某地方论坛的信息集成首页。

图 7.1　论坛信息集成首页

7.2 论坛营销的特点

7.2.1 论坛营销关注度高、效果好

利用论坛的超高人气，可以有效为企业提供营销传播服务。而由于论坛话题的开放性，几乎企业所有论坛营销在现阶段的展现形式的营销诉求都可以通过论坛传播得到有效的实现。专业的论坛帖子策划、撰写、发放、监测、汇报流程，在论坛空间提供高效传播。包括各种置顶帖、普通帖、连环帖、论战帖、多图帖、视频帖等。

7.2.2 论坛活动具有强大的聚众能力

利用论坛作为平台举办各类踩楼、灌水、贴图、视频等活动，调动网友与品牌之间的互动。通过炮制网民感兴趣的活动，将企业的品牌、产品、活动内容植入进传播内容，并展开持续的传播效应，引发新闻事件，导致传播的连锁反应。

7.2.3 论坛营销成本低，可信度高

论坛营销多数是属于论坛灌水，其操作成本比较低，主要要求的是操作者对于话题的把握能力与创意能力，而不是资金的投入量。但要做好论坛营销，有诸多的细节需要注意，随之对于成本的要求也会适当提升。

论坛营销一般是企业以自己的身份或者是伪身份发布的信息，所以其发布的信息要比单纯的网络广告更加可信。为迎合网络的需求，不同类型的站点都架构了论坛系统操作者发布论坛的广度，效果也很明显。

7.2.4 互动、交流信息精准度高

企业做营销的时候一般都会提出关于论坛营销的需求，其中会有特别的主题和版块内容的要求，操作者多从相关性的角度思考问题，所操作的内容就更有针对性，用户在搜索自己所需要内容的时候，精准度就更高。论坛营销的针对性非常强，企业可以针对自己的产品在相应的论坛中发帖，也可以为了引起更大的反响而无差别地在各大门户网站的论坛中广泛发帖。论坛营销还可以通过这个平台与网友进行互动，引发更大的回响。

7.2.5 搜索引擎友好度高，企业商业信息易收录

运用搜索引擎内容编辑技术，不仅使内容能在论坛上有好的表现，在主流搜索引擎上也能够快速寻找到发布的帖子。

7.3 企业自建论坛营销操作步骤

7.3.1 平台搭建

网络论坛是一种比较特殊的 Web 网站，一般由发帖、跟帖、主题、置顶、积分活动、用户等级管理、广告管理等主要功能组成。这样的系统功能比较统一，容易开发实现，网

络上有各类开源代码系统可供直接下载使用，因此现在很少有企业会自己组织团队去从零开发属于自己的论坛系统。

当前网络开源论坛系统中最为流行的就是“Discuz!”系统。Crossday Discuz! Board（简称 Discuz!）是北京康盛新创科技有限责任公司推出的一套通用的社区论坛软件系统。自 2001 年 6 月面世以来，Discuz!已拥有 13 年以上的应用历史和 200 多万网站用户案例，是全球成熟度最高、覆盖率最大的论坛软件系统之一。Discuz! X3.1 正式版于 2013 年 9 月 23 日发布，首次引入应用中心的开发模式。2010 年 8 月 23 日，康盛创想与腾讯达成收购协议，成为腾讯的全资子公司。图 7.2 所示为康盛公司官网首页。

图 7.2　康盛官网首页

企业可登录该网站（http://www.comsenz.com/）下载最新版本的 Discuz!开源论坛系统，在自己服务器上进行安装后，即可快速搭建属于自己的品牌论坛了。

7.3.2 版块设置

论坛社区是由论坛建造者在论坛中设立几个主要版块，再在版块中设立不同子版块、讨论主题构建而成的。版块的架设一般应遵循以下几个要点。

1. 先按粗线条确定大版块

初期先把大体版块设立，不要把版块分得过于细致。以综合类门户论坛为例，应该按照衣、食、住、行这几个生活消费习惯来分设版块。就如一个社区都会有二手交易、美食、旅游、休闲灌水、房屋出租等几个主版块。但是开始不能就在美食里面开设美食做法、地方美食等子版块。如果版块设置太细太多，社区整体会显得太冷清，也大大降低了社区的互动性。等社区聚集一定人气的时候再细分也不迟，这样可以提高会员的互动跟帖度。

试想如果初期一天只有 100 个会员流量论坛，但是这一百个会员有 10%是喜欢汽车版块，10%喜欢二手交易版块，10%喜欢亲子版块。如果初期把汽车、二手交易、亲子、房产等版块都开设了，主版块跟子版块一共加起来 50 多个。那么一个会员去一个频道发一个帖子，在整体看来就显得微不足道。

2. 先设定最重要的版块

论坛运营也是一种网络营销，必须明白用户需要的是什么，网站能否提供。而不是把自己喜欢的强加给用户。所以论坛搭建一定把最重要、必不可少的版块先开设，待人气发展了以后，再考虑特色版块，细分版块。

具体的设置方法有两种，一种是先选择“瘦”，在起步时只列出必需的版块（特色版块、主要版块、核心版块、娱乐版块、管理版块）。另一种是选择“减肥”，在你运营中把没必要开设的版块慢慢删改，经过一段时间运营，把最完美的版块设置献给用户。

7.3.3 自建论坛的运营管理

对于企业自建论坛，论坛的日常运营管理显得尤为重要，以下就论坛管理的几个要点进行简要分析。

1. 论坛的定位

论坛的定位就是相当于企业的发展战略一样重要，直接关系到以后的品牌的树立，人气的提升等各方面的。是以客户服务、技术咨询为主题还是以售后问题讨论为重心呢？一个论坛的定位直接决定了论坛的发展方向和管理团队的建设。

2. 论坛管理团队的组建

论坛管理者就是一个管理者，直接对论坛的大小事务进行统筹安排，但是，管理员不可能每个版块都可以兼顾，这就需要管理员去挑选好的版主来辅助自己，使论坛的各个版块得到合理的管理和安排，在传统企业里难以实现的授权原则在这里表现得非常明显，因为，版主的选择就对论坛产生了深远的影响。

版主是在论坛的每个版块中权限可以得到自由发挥的，应选择责任心强、具有权威性、且价值观与论坛定位一致的网友作为主要版块的版主。另一方面，版主的生活习惯应与论坛的经营作息时间相近且是本版块的活跃积极分子，毕竟版主团队只是一支业余兼职管理团队，需要有奉献精神。

一个论坛是否可以活跃人气，使自己论坛在众多同类论坛中脱颖而出，就是需要版主团队的共同努力了，这就需要版主之间的沟通和协作以及管理员与其沟通了。

3. 为会员提供价值，制造和谐的氛围

论坛管理员应该为论坛提供真实的价值，如免费的存储空间、影院VIP账户、实体商家优惠券，等等。也可以用积分换产品、一元拍卖等活动形式来组织在线的电子商务交易，促进社区的自我服务、价值提升。

和谐的论坛氛围会使会员喜欢这里，长久地留在同一论坛交流，这需要整个版块和论坛有着很大的群众会员基础。论坛管理者应带头鼓励会员的正面交流，多组织会员就最新时尚话题进行讨论，尽量避免版块内出现会员之间的争吵、纠纷，避免使得其他会员对论坛丧失安全感。

4. 建立完善的管理制度，维护社区的稳定安全

论坛虽然是一个网络虚拟社区，但参与其中的都是真实的网民。因此论坛就像一个真实的人类社区，需要一套完善的管理制度来确保社区的稳定安全。论坛管理者应设立一套严明的奖惩制度，对那些为论坛价值提升做出贡献的积极分子给予明确的奖励；对于破坏

论坛和谐氛围、散播不良信息、负能量的害群之马应严厉警告、封帖，直至封号。

5. 品牌的树立、合理的网络宣传

作为一个企业自建的论坛，搭建初期是没有流量的，因为在茫茫的互联网海洋中网站成千上万，没有人会关注到有了一个新的论坛出现。想要获得人气，就必须要进行有效的网络选择，也就是网站推广，本书中所提到的各类网络推广手段都可以在论坛的宣传中应用。

论坛的品牌的树立实际上就是论坛的定位给会员们的一种冲击力度，给大家多大的资源互动结果，比如落伍者，虽然已经封闭了注册，但是已经成了我国国内最大的资源集散地，中国管理传播网也已成为我国国内的管理类网站的门户，已经有品牌知名度了。

7.4 第三方论坛营销

7.4.1 第三方论坛营销概念

第三方论坛营销指的是企业在互联网中寻求具备一定知名度并与本企业品牌产品营销目标相关的论坛版块，并在论坛中申请多个账号，通过论坛的发帖、跟帖问答等操作实现企业品牌的树立、产品的网络营销。

7.4.2 第三方论坛营销的步骤

1. 分析目标市场，合理注册论坛账户

首先要对企业本身所在的行业进行一个透彻的分析，根据分析得出的结果寻找所在行业的一些著名论坛和主题论坛。

注册账号要求所有账号资料必须填写完整，必须上传头像，这样可以使账号更加正式，增强账号的可信度。在论坛注册后，制作一张尺寸大小适中的广告图片作为个人图像，加大公司的曝光率。与此同时，也方便看帖的朋友了解信息，达到一个做广告宣传的效果。论坛签名是一个比较好的促销平台，当然促销的效果跟签名的吸引力密切相关。打造一个个性化的签名，在论坛签名中插进产品和服务的介绍，并且在论坛中留下签名链接，加大宣传的力度。这样可以让有意者看到的产品和服务，并主动地联系。

在这些论坛中注册账号即马甲。根据企业不同产品注册相关论坛账号，更加利于产品的推广营销。企业马甲每个论坛要不低于 10 个，这个是保证前期炒作的条件。不同产品、不同营销事件，需求的马甲数量不定；如知名品牌进行论坛营销不需过多马甲，即可产生效应；而普通企业在论坛推广产品时，则需要多一些马甲配合。

对于热门论坛，需要培养高级账号，使用该高级账号与论坛成员建立互动关系，提高账号知名度、美誉度、权威性，使该账号成为该社区的舆论领袖，从而使由该账号发布的主题更具说服力。

2. 专人管理，建立论坛数据库

企业设置专门的人员管理在各大型论坛账号、发布帖子、回帖等。建立论坛数据库是很必要的，数据库中的论坛所使用的用户名、密码以及注册时使用的邮箱需要保持一致，这也是为了方便后期的营销和推广，论坛数据所需要的信息包括论坛的名称、论坛的地址、论坛的分类、论坛的核心版块列表、论坛的活跃指数（也就是所说的论坛星级），这些信息都整理到一起之后，进行营销推广的时候才能顺心顺手。

3. 策划论坛营销主题活动并发布信息

精心策划题目新颖、有创意性、符合网友喜好的论坛营销事件或活动。营销帖主题比较重要，也是开展论坛营销的关键；标题是敲门砖，标题要有一定的含义或歧义，让读者产生疑惑而进一步想得到答案。好的策划主题，不需费力即可达到预期的效果。企业策划的题目要有一定的吸引眼球性，即标题要有一定的号召性、吸引读者。

将事先撰写好的软文发布到论坛相应的版块，要求找准版块并分析版块内容及气氛，防止主题与版面内容偏差太大，导致高删帖率。必要时可根据版面内容调整文章标题或内容，使软文最大限度贴近主题。

企业策划的内容一定要具有一定的水准，网友看了之后觉得有话要说才行。论坛营销现阶段已经很热，网友也深知论坛营销的目的。不要在论坛上发广告，尤其是广告性很强的广告。据了解，基本上所有的网民都会排斥论坛上的广告，而且会对发广告的人产生抵触的心理。为了避免被会员排斥甚至封账号，切勿在论坛上发广告。

论坛上禁忌使用同一个 IP 发帖、回帖，禁忌发表反党、反人民的言论，禁忌挑动是非引起暴乱，禁忌非法推广的宣传。

4. 组织专门团队炒作

企业组织人员要积极参加回复、鼓励其他网友回复，也可以用自己的马甲回复。网友的参与是论坛营销的关键环节，如果策划成功，网友的参与度会大大提升。通常是企业在论坛做活动营销居多，可利用一些公司产品或礼品方式激励网友参与。企业人员还要正确地引导网友的回帖，不要让事件朝相反方向发展。具体情况具体分析，有时在论坛产生争论也未必是件坏事，特别是不知名企业，通过论坛途径发展成大范围病毒式营销，知名度会有很大提升。

5. 监测和分析营销效果

企业进一步仔细监测其带来的效果。同时注意改进，这点相当于一个细致的数据分析和用户群体分析；通过一次营销，会总结出很多问题，下次策划时可以借鉴；不同领域用户群体习惯不同，方式方法并不通用。另一方面，企业要及时和论坛管理员沟通交流，熟悉各大论坛的管理员和版主有助于论坛营销的开展。经常发帖、回帖会与这个圈子近距离接触，和管理员、版主有很好的沟通机会，有更多的资源辅助，论坛营销会开展得更顺利。

7.5 论坛营销的重要技巧

7.5.1 论坛数据库的建立

定位好了自己的营销方向之后就要选择所要发布信息的论坛了。论坛数据库的建立是论坛营销的基础和前提，数据库建立的质量高低直接关系到论坛营销能否顺利开展。如果做专业的论坛推广，不可能说注册一个论坛发一个帖子，一方面这样会降低工作的效率，另一方面许多论坛为了防灌水、防广告，对论坛注册以及发帖设置了重重限制，比如说注册时间少于 1 小时、2 小时或者 24 小时不得发帖，注册用户的积分累计不到 100 不得发帖，注册必须进行邮箱验证，等等。

所以建立论坛数据库是很必要的，一般而言数据库中的论坛所使用的用户名、密码以及注册时使用的邮箱需要保持一致，这也是为了方便后期的营销和推广，论坛数据所需要的信息包括论坛的名称、论坛的地址、论坛的分类、论坛的核心版块列表、论坛的活跃指数（也就是所说的论坛星级），这些信息都整理到一起之后进行营销推广的时候才能顺心顺手。

7.5.2 论坛软文营销

论坛营销中最主要的方式就是营销软文发布炒作。顾名思义，营销软文是相对于硬性广告而言，用唯美的语言将产品形象化，刺激阅读者的兴趣、进而产生消费的欲望。软文写作的目的就是要将企业的产品和形象通过美丽的文字来进行包装，以达到宣传的效果。软文写作的最高境界就是言之无物，实则有物。

软文目前已经成为企业或者产品营销推广中一种很实用的方式，通过营销软文可以达到做广告的效果和提高企业知名度和美誉度的目的。软文的硬效果就是要能卖货，即通过软文将企业的产品和服务卖出去。写软文首先要选好切入点，即如何把需要宣传的产品、服务或品牌等信息完美地嵌入文章内容。其次要设计文章结构，把握整体方向，控制文章走势，选好冲击力强的标题。还要完善整体文字，按框架丰富内容，润色具体内容。最后要反复沟通和完善。

7.5.3 论坛软文推广

论坛软文的推广是论坛营销成败的关键，有了论坛数据和营销软文，那么怎么将这些信息传播出去呢？随着营销领域的发展，人们对软文的免疫力也越来越强，论坛管理人员对软广告的判断能力也越来越高、处罚力度也越来越大，那么摆在每一个论坛营销人员面前的问题就是该怎么发布信息。

大部分论坛都会有灌水专区、杂谈之类的版块，如果实在找不到与自己所发布的信息完全相符合的版块，那么建议发布在这样的版块里，再者如果内容广告性较强而这个论坛又没有广告专栏的话，也建议发布在这样的版块，提高帖子存活率。当然如果这个论坛有广告专栏的话，对于广告性太强的软文还是建议发布到广告区里去。

可以考虑在那些限制较少的小的论坛、地方性论坛发帖。因为论坛都是由网民组成的，而网民有很大的互通性。地方性论坛的网民也极有可能成为潜在客户，不放过任何一个可以推广的机会是网络推广制胜的关键。

软文发布之后，如果这个论坛活跃度还可以的话可以使用预先注册的另外几个账号进行回复，每回复一次这个帖子就会被翻到这个版块的文章列表首位，回帖也要讲究技巧，可以大胆地去强烈反对所发布的这个帖子的内容，吸引网友的目光。这就是所讲的论坛枪手。另外，对于软文或者广告还可以在那些比较热门的帖子后边以回帖的形式发布。

对于利用软文进行营销推广要分阶段、分层次进行，在整个推广周期中要根据不同时期安排不同的软文，软文的广告性也要有所侧重，一般而言广告性要越来越强。

7.5.4 营销组合策略

论坛营销组合策略有两方面的含义：一方面指通过对消费群体所经常光临的门户、社区和网站，进行科学的组合，分人气、流量、分主次和批次地在推广中选择组合，使推广达到最佳的效果。另一方面，就是指论坛营销要与其他的营销方式相结合，利用组合的网络营销软件的自动注册、自动发帖、自动顶贴等功能进行营销。这在保证成功率，提升信息覆盖面，提升网站排名方面都有比较显著的效果，能够帮助企业更好地做好论坛营销。要抓住通过论坛营销获得的潜在用户，尽量多地得到他们的信息，然后通过其他的营销方式与他们进行直接或者间接的沟通，最终达到自己营销的目的。比如发布的信息有人给回帖了，但是并没有表示自己的明确意向，这样的话就要尽可能地查找对方的信息，而后通过 QQ、MSN、电子邮件等对这些用户进行营销。

7.5.5 开展论坛活动

开展论坛活动也是论坛营销组合策略中的重要一部分。对于这点的要求比较高，需要论坛官方的配合，当然通过论坛活动来进行营销推广所取得的效果是百分之百的。论坛活动能够很好地调动网民的积极性，即使作的是一个纯粹的商业性广告，也能使网友很好地参与进来，提高互动性。同时论坛线上营销要与线下的营销推广相结合，举办研讨会、招聘会等都可以促进营销推广。

7.6 论坛营销文案的编写

论坛文案，是指发布在一些像天涯、猫扑、搜狐、网易、新浪等整合性论坛上的文字。论坛营销文案，主要目的也是推销产品。一篇论坛帖子或文章由文字+图片组成，当然也会有视频、音频、Flash 之类的元素。由于网络人群的特殊环境，首先，论坛文字不要多华丽，最主要的是讲出真实感受或者语言清楚描述即可。图片需要用心去拍摄挑选，但不需要特别商业化，接近生活即可。以下介绍几种论坛文案的类别。

第一种：事件式。

事件式是指利用社会热点和网络热点来吸引人眼球，从而赚取高单击和转载率。如假设现在汽车展会比较容易引起社会的关注，豪车、车模等关键词成为最时尚的搜索热点，可以考虑迎合车展设计一次线上结合线下活动，同时隐形地插入联系紧密的产品信息，这便是事件式的论坛营销文案了。如图 7.3 所示的某论坛汽车展网上活动，为某地方知名论坛迎合当地车展开展的一次汽车摄影比赛活动，其中加入了各家汽车品牌 4S 店的新车优惠广告。

图 7.3　某论坛汽车展网上活动

第二种：亲历式。

利用第三者的身份，讲述身边朋友真实的生活故事和体验效果的文章。此类软文一般需要多个马甲以类似口吻或者反对口吻进行话题炒作，最终达到商业广告赚取大众眼球的目标。

【案例1】

马甲1：今天路过某某街，发现一家街边的咖啡馆很有特色哦。

马甲2：哦，我也喜欢喝咖啡，什么特色？

马甲3：我喝咖啡会睡不着啊。

马甲1：那家咖啡馆是建在屋顶的，坐在上面能看到下面熙熙攘攘的人群和车流。

马甲1：而且咖啡是自助的，可以自己调咖啡和可可的比例，不怕睡不着。

马甲2：哦，咖啡馆什么名字？

马甲1：好像叫某某咖啡，就在某某路肯德基边上。

第三种：解密式。

以专业的态度或者个人独特的见解，对产品进行客观解剖分析，能够满足网友的片面性观点，能让受众从多个角度认识以往接触的信息。此类软文需要长期的论坛威信经营，使得所经营的论坛账号成为该版块或者该领域中公认的专家，并以权威的形式发布软文，在软文中嵌入比较隐蔽的商业信息。使得阅读者不知不觉地被商业信息感染。此类软文营销也常见于博客营销中。

第四种：求助式。

阐述事情经历，直接提出问题，需求大家帮助，内容中自然过渡地移植入产品名称。

【案例2】

马甲1：教师节快到了，给高中班主任送什么礼物好呢？

马甲2：是啊，我们也在纠结呢。

马甲1：送花呢，还是送书呢？

马甲3：我不纠结了，就送花吧，反正离我家很近就有家“原野鲜花店”。

马甲2：好像他们那里都很贵吧？

马甲1：听说教师节凭学生证有优惠。

第五种：分享式。

以快乐分享为主，分享体验效果。能够给网友一定的信息价值。

第六种：幽默式。

以轻松、搞笑、有趣的方式表达，能够给网友带来会心一笑。最具代表性的还是今年的病毒营销事件“杜甫很忙”，让网友在参与改图的过程中获得乐趣，也让围观的网友记忆深刻。

7.7 论坛营销案例

安琪酵母股份有限公司是国内最大的酵母生产企业。酵母，在人们的常识中是蒸馒头和做面包用的必需品，很少直接食用。而安琪酵母公司却开发出酵母的很多保健功能，并生产出可以直接食用的酵母粉。

要推广酵母粉这种人们完全陌生的食品，安琪公司首选论坛进行推广。于是，它们开始在新浪、搜狐、TOM 等有影响力的社区论坛里制造话题。之所以这样做，是因为在论坛里，单纯的广告帖永远是版主的“眼中钉”，也会招来网友的反感，制造话题比较让人能够接受。

2008 年 6 月，当时有很多关于婆媳关系的影视剧在热播，婆媳关系的关注度也很高。因此，公司策划了《一个馒头引发的婆媳大战》事件。

事件以第一人称讲述了南方的媳妇和北方的婆婆关于馒头发生争执的故事。

帖子贴出来后，引发了不少的讨论，其中就涉及了酵母的应用。这时，由专业人士把话题的方向引入到酵母的其他功能上去，让人们知道了酵母不仅能蒸馒头，还可以直接食用，并有很多的保健美容功能。比如减肥。由于当时正值 6 月，正是减肥旺季，而减肥又是女人永远的关注点。于是，论坛上的讨论，让这些关注婆媳关系的主妇们同时也记住了酵母的一个重要功效——减肥。为了让帖子引起更多的关注，公司选择有权威的网站，利用它们的公信力把帖子推到好的位置。

在接下来的两个月时间里，安琪酵母公司的电话量陡增。消费者在百度上输入了“安琪酵母”这个关键词，页面的相关搜索里就会显示出“安琪即食酵母粉”、“安琪酵母粉”等十个相关搜索，安琪酵母获得了较高的品牌知名度和关注度。

7.8 实训任务

7.8.1 实训任务 1：论坛数据库建立

假设某运动休闲服装品牌企业要在本地进行一次网络论坛营销活动，请针对该企业品牌商品所面向的客户群体进行分析，并收集 5～8 个符合客户群体特征的行业论坛以及相关论坛平台的资料数据，建立论坛数据库以备日后论坛营销使用。填写在表 7.1 中。

表 7.1 论坛数据库表

论坛名称	网站域名	注册账户/密码	谷歌 PR	百度权重	论坛特征版块

7.8.2 实训任务 2：营销软文的编写

假设某运动休闲服装品牌企业要在本地进行一次网络论坛营销活动，活动明确为品牌服装模特大赛活动。请针对该企业品牌商品所面向的客户群体进行分析，编写一篇具有煽动性的软文，要求说明活动的参与方式、组织形式、评奖标准、奖励办法等核心内容。

第 8 章

博 客 营 销

8.1 博客营销概述

8.1.1 博客

要了解什么是博客营销，首先要知道什么是博客。博客最初的名称是 Weblog，由 Web 和 Blog 两个单词组成，按字面意思就是网络日记，后来喜欢新名词的人把这个词的发音故意改了一下，读成 Blog。由此，Blog 这个词被创造出来。如图 8.1 所示为新浪博客的首页。

图 8.1 新浪博客首页

博客这种网络日记的内容通常是公开的，自己可以发表自己的网络日记，也可以阅读别人的网络日记，因此博客可以理解为一种个人思想、观点、知识等在互联网上的共享。

由此可见，博客具有知识性、自主性、共享性等基本特征，正是博客这种性质决定了博客营销是一种基于包括思想、体验等表现形式的个人知识资源，它通过网络形式传递信息。

博客分类有企业博客、职业博客、营销博客等，这些也都是从博客具体应用的角度来描述，主要区别于那些出于个人兴趣甚至个人隐私为内容的个人博客。其实无论叫企业博客还是营销博客，一般来说博客都是个人行为（当然也不排除有某个公司集体写作同一博客主题的可能），只不过在写作内容和出发点方面有所区别，其中企业博客或者营销博客具有明确的企业营销目的，博客文章中或多或少会带有企业营销的色彩。如图 8.2 所示为新浪博客总流量排行页面。

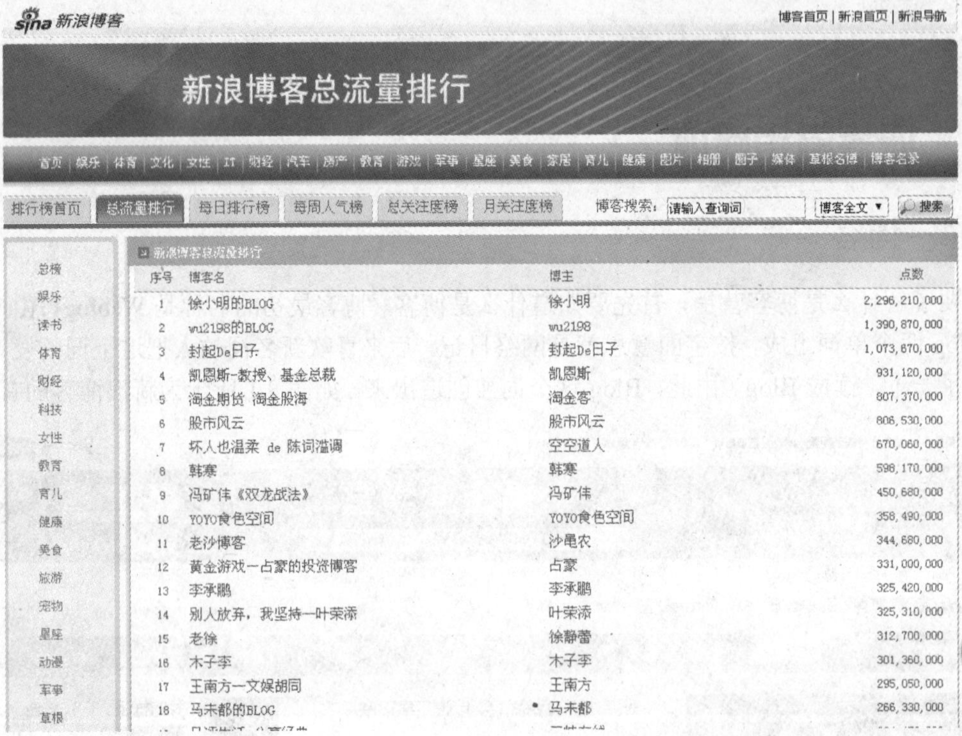

图 8.2　新浪博客总流量排行页面

图 8.2 中排行前 20 的博客都是非常具有网络营销价值的博客，好好研究一下他们的结构、内容组织、日常运营的状况，可以为更好地运营自己的博客提供有益的参考。

8.1.2 博客营销

博客营销是利用博客这种网络应用形式开展的网络营销。详细地讲就是公司、企业或者个人利用博客这种网络交互性平台，发布并更新企业、公司或个人的相关概况及信息，并且密切关注并及时回复平台上客户对于企业或个人的相关疑问以及咨询，并通过互动性较强的博客平台帮助企业或公司零成本获得搜索引擎的较前排位，以达到宣传目的的营销手段。

8.1.3 博客和博客营销关系

博客就是在网上写的日志，有一些普通日志的特征，如正文也是按时间顺序写。不过与写在日志本里不同的是，最新的文章排序在最前面，老的日记会排序在后面。真正的博客营销是靠原创的、专业化的内容吸引读者，培养一批忠实的读者，在读者群中树立信任度、权威度、形成个人品牌，进而影响读者的思维和购买决定。

成功博客营销的前提条件是博主必须对某个领域知识学习、掌握，并有效地利用博客降低网络营销费用。而高质量的博客对于网络营销有巨大的推动作用。

8.2 博客营销的特点

博客营销具有如下特点。

（1）博客目标更为精确，能够针对目标客户进行精准的博客营销。

（2）博客营销与传统营销方式相比营销成本较低，通过网络媒介可以节省更多的人力、物力、财力资源。

（3）博客广告具有交互性，可以通过博客进行互动交流，并能得到及时的问题回馈。

（4）博客是一个信息发布和传递的工具，能够更快、更便捷地发布公司最新动态、产品信息。

（5）博客与企业网站相比，博客文章的内容题材和发布方式更为灵活。

（6）与门户网站发布广告和新闻相比，博客传播具有更大的自主性，博客主有更大的自由发挥空间。

（7）与供求信息平台的信息发布方式相比，博客的信息量更大，并可进行及时的更新。

（8）与论坛营销的信息发布方式相比，博客文章显得更正式，可信度更高。

8.3 博客营销的价值

8.3.1 博客营销可以直接带来潜在用户

博客文章发布在知名博客网站上，例如新浪博客、搜狐博客等，这些网站往往拥有大量的用户群体，有价值的博客内容会被网站首页推荐，吸引大量潜在用户浏览，从而达到向潜在用户传递营销信息的目的。用这种方式开展网络营销，是博客营销的基本形式，也是博客营销最直接的价值表现。

8.3.2 博客营销是一种免费的网络推广

网络推广是企业网络营销工作的基本内容，大量的企业网站建成之后都缺乏有效的推广措施，因而网站访问量过低，降低了网站的实际价值。通过博客的方式，在博客内容中中适当加入企业网站的信息（如某项热门产品的链接、在线优惠卷下载网址链接等）达到网站推广的目的。相对于高价从知名网站购买链接，这样的“博客推广”也是一种免费的网站推广方法，有效地提升了网站的访问量。

8.3.3 博文可以为企业网站通过搜索引擎引流

访问量较大的博客网站比一般企业网站的搜索引擎友好性要好，博文容易被搜索引擎收录。企业可以发布包含企业网站名称、热门商品等信息的博文，增加用户通过搜索引擎发现企业信息的机会。当用户利用相关的关键词检索时，这些博文网页出现的位置和摘要信息更容易引起用户的注意，从而达到利用搜索引擎推广网站的目的。

8.3.4 博文可以方便地增加企业网站的反向链接数量

获得其他相关网站的链接是一种常用的网站推广方式，但是当一个企业网站知名度不高且访问量较低时，往往很难找到有价值的网站给自己链接，通过在自己的博客文章嵌入公司网站的链接可以很方便地获得大量高质量反向链接。在知名博客平台发布包含公司网站链接的文章不仅可能为网站带来新的访问量，也增加了网站在搜索引擎排名中的优势，因为谷歌等主流搜索引擎把一个网站被其他网站链接的数量和质量也作为计算其排名的因素之一。

8.3.5 实现更低的成本消费者互动及行为研究

当博客内容比较受欢迎时，博客网站也成为与用户交流的场所，有什么问题可以在博客文章中提出，读者可以发表评论，从而博主可以了解读者对博客文章内容的看法，作者也可以回复读者的评论。当然，也可以在博客文章中设置在线调查表的链接，便于有兴趣的读者参与调查，这样扩大了网站上在线调查表的投放范围，同时还可以直接就调查中的问题与读者进行交流，使得在线调查更有交互性。

8.3.6 博客可以建立权威和品牌效应

为个人建立的高质量的专业博客，如果精心维护也有可能成为某一领域的专家。如果坚持不懈地维护下去，所营造的信息资源将带来可观的访问量。在这些信息资源中，也包括收集的各种有价值的文章、网站链接、实用工具等，这些资源为自己持续不断地写作更多的文章提高很好的帮助。这样就形成良性循环，这种资源的积累实际上并不需要多少投入，但其回报却是可观的。对企业博客也是同样的道理，只要坚持对某一领域的深度研究，并加强与用户的多层面交流，对于获得用户的品牌认可和忠诚提供了有效的途径。

8.3.7 博客让营销人员从被动的媒体依赖转向自主发布信息

在传统的营销模式下，企业往往需要依赖传统媒体来发布企业信息，不仅用户资源不是自己的，而且费用相对较高。当营销人员拥有自己的博客之后，所积累的粉丝网络是稳定可靠的，可以随时发布所有希望发布的信息，而且到达率较高。

8.4 博客营销的方法

8.4.1 博客定位

（1）目标定位。首先定位博客的目标读者群体，是潜在新客户，还是老客户，或者是大众读者，分析他们的网络行为习惯；然后确定博客营销的目标是为了提升品牌形象，还是为了增加产品曝光度；最后确定博客形式是企业官博，还是个人专家博客。

（2）内容定位。在博客内容上首先应该考虑宽度与深度两个方面。宽度就是指内容的涵盖范围，深度就是指博客的专业程度。这两点既是可区分的，又是互相涵盖的。在作博客之前必须要定位博客的内容，到底是大杂烩类型的，还是在某一领域内专业类型的。

大杂烩型博客容易营造相当旺的人气，但是转化率不高。专业型博客受众人群少，但转化率高，吸引的都是潜在的客户人群。

8.4.2 博客平台选择

在完成博客定位相关工作后，应选择功能完善、稳定，适合企业自身发展的博客平台开展博客营销。应选择访问量比较大而且知名度较高的博客网站，可以根据 Alexa 全球网站排名系统等信息进行分析判断。对于某一领域的专业博客网站，不仅要考虑其访问量，而且还要考虑其在该领域的影响力，影响力较高的博客网站，其博客内容的可信度也相应较高。

8.4.3 博客写手

专业的企业博客需要以下四类人来作为博客写手。

（1）企业家。企业家写博客，许多直接表现为写产品文化，是一种在高层次上推介产品的办法。这类博客，能够呈现出公司元老的最初见解，他们是真实的人，而且至少都是很成功的人。经营得当，能够成功营造出和谐与信赖感，传达公司的重要信息，对产业话题做出回应，让大家了解公司的状况。如王石、潘石屹、任志强等著名企业家博客经过多年个性化的经营，不但具备超高的人气而且也宣传了自己的企业。

（2）企业员工。很多企业的博客是由不同职业的员工或几个员工来当博客写手的，在博客写手中是比较有代表性的。这样的博客写手一般对公司的某一些方面比较专业，如软件开发人员、律师、会计师、营销专家等，所以当他们传播消息时，大家都会仔细倾听。不仅是传播知识，还会告诉大家消息的真正含义。比如，当微软还在测试新的搜索引擎以前，MSN 搜索小组的博客写手便使用博客发布产品信息，坦承哪些地方还需要再改进，并告诉大家产品的开发方向，让大家对产品产生信赖感与期待感。

（3）专业写手。这类写手专门为企业博客提供策划、实施、撰写软文等服务。通过专业策划团队的策划实施，写手所撰写的博客软文更加专业、更具煽动性和参与性。例如：企业可以将企业官方博客委托给专业的策划团队去负责运营，专业写手可以为企业官方博客个性定制一套博客推广方案，并按照方案细化博文的发布目标、频率、内容，使得企业博客更具整体性，提升品牌效应，进一步发展潜在客户。

（4）消费者。企业可以收集消费者的个人博客，为企业官方博客建立稳定的社交网络关系。企业定期的策划博客活动，促使消费者利用自己的个人博客参与到企业官方博客活动中，并对企业官博的相关博文进行转载和评价，从而形成几何式拓展宣传面的效果。

8.4.4 博客软文撰写

博客软文（即博客营销文章）的质量决定了博客的质量，也决定了博客营销的效果。专业的博客营销软文应做到以下几点基本要素。

1. 专业而不枯燥

博客软文要有一定的专业水平或者行内知识。营销博客要围绕自己的产品来布局自己的博客文章，博客文章的布局一定要从不同的文章题材中体现专业知识。博文的知识水平要专业，让行内人士一读就能得到认可。要用一般人看得懂的语言写出专业文章，最好是图文并茂并适当结合多媒体素材，才能达到营销的目的。

2. 软营销或嵌入式营销

干巴巴地写些广告语在自己的博客里，或者在别人的博客到处留下自己的广告，这样的做法不但劳而无功还遭人反感。博客营销一定要有巧妙方法。下面是博文撰写的几点技巧。

（1）产品功能故事化。写博客营销文章要像写故事，要把自己的产品功能写到故事中去。通过一些生动的故事情节，自然地让产品功能自己说话。

（2）产品形象情节化。把对产品的赞美情节化，让人们通过感人的情节来感知认知的产品。这样客户记住了瞬间的情节，也就记住了的产品。

（3）行业问题热点化。抓行业的热点来撰写博客文章，依靠不断地提出热点问题引起客户的关注讨论，通过行业的比较显示出自己产品的优势。

（4）产品博文系列化。博客营销不是立竿见影的电子商务营销工具，需要长时间地坚持不懈。因此在产品的博文写作中，一定要坚持系列化，就像电视连续剧一样，不断有故事的发展，还要有高潮，这样产品的博文影响力才大。

（5）博文字数精短化。博客要短小耐读，既要情节丰富感人至深，又要不花太多的时间。所以，一篇博文最好不要超过1000字，坚持短小精悍是博客营销的重要法则。

3. 文章重在给予和分享

博客营销文章真正能起到营销作用，主要原因在于文章能给予读者价值，利用博客的分享机制使得读者自主地帮助转发宣传。这种价值的给予和分享是博客营销最大的技巧。营销博客不仅要保证每篇博文带来应有的信息量，还要有知识含量，还要有趣味性，还要有经验的分享，让客户每次来博客都有所收获。这是粘住大量高价值客户最好的方法。

4. 关注各类新闻热点话题

多写热门题材，同时做好内外链接工作。

8.4.5 博客推广运营

1. 博客粉丝发展

博客营销的根本在于有海量的优质粉丝基础，所以做好自己的博客信息内容维护的同时更应做好博客的推广、粉丝的发展。

第一，尽可能把博客资料填写详细并选择合适的主题。这有利于博客门户网站进行搜索关键词推荐、也有利于主流搜索引擎的分类收录。

第二，要精心装修博客。这可以给正在浏览博客的读者营造一种身临其境的文化氛围，使读者更愿意在博客里多转转。建议以简单大方为主，抛弃华而不实的皮肤，博客的核心还是华丽的内容而不是华丽的皮肤。

第三，积极参加各类博客活动。每个博客门户网站都会不断有大量的活动产生和推荐，而这些与博客相关的活动中必然存在大量的潜在客户或者未来博客的粉丝，可以通过在参与他人博客活动的过程中结交博客好友，实现网络人脉的推广。

第四，组织自己的博客活动。当有了一定粉丝基础后我们应该适时地组织属于自己的博客活动，如话题交流、在线有奖调查、新产品网络推介会等。并在博客活动中加入自己的博客地址，从而使得粉丝在转发活动文章的时候能够进一步帮助推广博客。

2. 博客互动

博客的魅力在于互动，拥有一群不说话的粉丝是很危险的，因为他们慢慢会变成不看内容的粉丝，最后更可能是离开。

互动性是使博客持续发展的关键，因此企业宣传信息不能超过博客信息的10%，最佳比例是 3%～5%。更多的信息应该融入粉丝感兴趣的内容之中，并发起交流互动的话题，引导粉丝不断地参与互动。

企业官博应安排专人实时关注读者的评论、留言、通过博客平台发来的信息，并及时给予回复，对于用户通过博客提交的问题和困难应及时给予处理解决，使用户感知到关注博客的价值。

并且，企业博客应大量组织趣味活动，或者第一时间发布官方最新产品信息，结合大量优惠政策，使得博客粉丝真正体验到参与博客互动的价值，使企业博客成为用户网络生活的一部分。

3. 博客推广

企业可以在多个人气旺的博客网站同时开博，如新浪、搜狐、网易、腾讯等，一份博文稿可以分别发在不同的博客上，并且互相建立友情链接。这样不但可以大大提高传播效率，摊薄经营成本，而且可以在互联网上建立高质量的博客链接网络。当前国内知名博客平台有：新浪博客、网易博客、搜狐博客、和讯博客、中金博客、博客大巴、企博网、益博网、天涯博客，等等。

有效利用高质量的第三方平台引流，如各类知名的视频网站、论坛、分类信息门户等。可以针对某一与博客相关的热门话题，制作视频、图片、音频，并在上面打上博客地址，投放在以上的各类平台中，通过平台的超高人气引入流量。

作好博客的SEO，确保你的博客能被搜索引擎搜索到。由于这部分内容与上面章节中原理相似，所以这里不再复述。

8.5 博客营销的发展趋势

互联网和新媒体仍然在不断进步和发展，手机媒体、手机博客、手机电子商务应用将是下一个充满前途和希望的行业。未来我国网络的巨头，很可能产生于手机无线媒体。但同时，任何新事物被社会接受，成为主流的应用，都需要一个长期的过程。而报纸、杂志、广播、电视作为传统媒体还将长期存在，诸多传统媒体设置了博客，而博客运营商们也在跨平台，向手机无线渗透扩张。未来的新旧媒体互相包容、融汇的局面仍将存在。

博客营销的未来发展方向必定与其创造的价值紧密相关的。关键在于和C2C网站融合，或者把博客改造成一个具有 C2C 或者 C2B 功能的场所。任何 C2C 网站能卖的东西，博客都能卖，网上小店的店主，他们也可以同时是博客主，博客完全可以从博客作者和读者的关系发展成营销者和客户之间的关系。

8.6 实训任务

8.6.1 实训任务 1：新建博客

请每位同学以某一专业领域专家的定位在新浪博客平台建立属于自己的博客，思考确定博客的名称、内容定位。建立博客内部栏目，并围绕博客定位发布 5 篇高质量博文。要求博文图文并茂、简单易读。

8.6.2 实训任务 2：博客推广

请每位同学在建立好属于自己的新浪博客后，选择与博客定位相近的知名网络互动平台，如论坛、分类信息门户、其他博客、QQ 群等。依照博客推广软文编写的形式要求，在这些平台上发表软文，并跟踪软文发表后的网络反应，及时跟进发表信息。5 个工作日后查看博客相关流量来源以及搜索引擎收录情况。填写在表 8.1 中

表 8.1 博客推广情况表

博客名称		博客定位	
建立时间		博客地址	
关键词			
推广平台 1		软文标题	
推广平台 2		软文标题	
推广平台 3		软文标题	
推广平台 4		软文标题	
推广平台 5		软文标题	
百度收录		谷歌收录	

第9章

微博营销

9.1 微博营销概述

9.1.1 微博概念

微博（Weibo）是微型博客（Micro Blog）的简称，即一句话博客，是一种通过关注机制分享简短实时信息的广播式的社交网络平台。相对之前介绍的博客，微博的内容通常被限制为140字以内，且信息更加实时，信息渠道更加丰富。

国际上最早也是最著名的微博是美国Twitter，近几年国内各大互联网应用提供商也陆续推出微博，新浪微博、腾讯微博陆续上线。2012年第三季度腾讯微博注册用户达到5.07亿人，2013年上半年，新浪微博注册用户达到5.36亿人，微博成为我国网民上网的主要活动之一。

微博用户群是我国互联网使用的高端人群，这部分用户群虽然只占我国互联网用户群的10%，但他们是网民中对新鲜事物最敏感的人群，也是我国互联网上购买力最强的人群。

9.1.2 知名微博平台介绍

1. Twitter（图9.1）

图9.1 Twitter

Twitter英文原意为小鸟的叽叽喳喳声，用户能用如发手机短信似的数百种工具更新信息。Twitter 的出现把世人的眼光引入了一个叫微博的小小世界里。Twitter 是一个社交网络及微博服务。用户可以经由 SMS、即时通信、电邮、Twitter 网站或 Twitter 客户端软件（如 Twitterrific）输入最多 140 个字的文字更新，Twitter 被 Alexa 网页流量统计评定为最受欢迎的 50 个网络应用之一。

2. 腾讯微博（图 9.2）

图 9.2　腾讯微博

腾讯微博限制字数为 140 个字，有私信功能，支持网页、客户端、手机平台，支持对话和转播，并具备图片上传和视频分享等功能。支持简体中文、繁体中文和英文。在“转播”设计上，转发内容独立限制在 140 个字以内，采取类似与 Twitter 一样的回复类型@，这与大多数国内微博相同，此外，腾讯微博更加鼓励用户自建话题，在用户搜索上可直接对账号进行查询。微博和 IM 是两种不同的平台，在拥有了强大的 QQ 平台下，腾讯方面并未打算把腾讯微博作为战略级产品推出，而更多的是为了遏制对手，起到战略防御的作用。

3. 新浪微博（图 9.3）

图 9.3　新浪微博

新浪微博似乎没有跳出新浪博客文化的框框，而使用了“评论”，这样显得过于正式，貌似与轻松、随意、活力的设计有点不符。推广策略上，貌似也走着新浪博客过去走过的路，以名人效应拉动，从人气用户推荐可见：名嘴黄健翔、明星李冰冰、容祖儿、SOHO 中国的潘石屹等。新浪微博是一个由新浪网推出，提供微型博客的服务网站。新浪微博是一个类似于 Twitter 和 Facebook 的混合体，用户可以通过网页、WAP 页面、外部程序和手机短信、彩信等发布 140 个汉字（280 个字符）以内的信息，并可上传图片和链接视频，实现即时分享。新浪微博可以直接在一条微博下面附加评论，也可以直接在一条微博里面发送图片，新浪微博最先添加这两点功能。

2014 年 3 月 27 日晚间，新浪微博网页 Logo 悄然换新，原来的新浪微博已经改为“微博”二字，微博从新浪分离，为独立上市淡化“新浪”品牌。

新浪自诞生日起，曾先后申请“微博”、“围脖”、“Weibo”等商标字样，其域名也经历过变动，t.sina.com 的二级域名于 2011 年更名为 weibo.com，近日的 Logo 换装，域名与 Logo 最终达成一致。

2014 年 3 月 15 日，新浪旗下微博业务已经向美国提交了招股书，名称设为“Weibo Corporation”，Logo 也仅有 Weibo 字样。

4. 网易微博（图 9.4）

图 9.4　网易微博

网易微博是继承了 Twitter 的简约风格，无论是从色彩布局，还是整体设计上，都可以找到点 Twitter 的感觉。交互上，摒弃了新浪微博回复提醒的繁琐功能，相比于新浪微博的评论内嵌，网易微博采用了@的形式进行用户之间的友好交流。信息提醒方面，区别于新浪微博的右侧小范围提醒，采用 Twitter 式的 Ajax 免刷新设计的横条，大大扩大了可点击范围。话题搜索快捷插入功能上，单个#比如“#话题”比新浪微博的“#话题#”更考虑到用户插入话题的便捷性和易用性。同时将“#意见反馈”放到内容框下更显眼的位置，可见网易微博把用户的建议与意见放到一个相当重要的位置。

5. 搜狐微博（图 9.5）

图 9.5　搜狐微博

搜狐微博是搜狐网旗下的一个功能，如果你已有搜狐通行证，可以登录搜狐微博直接输入账号登录。可以将每天生活中有趣的事情、突发的感想，通过一句话或者图片发布到互联网中与朋友们分享。

9.1.3 微博营销

微博营销是指通过微博平台为商家、个人创造价值而执行的一种营销方式。微博营销以微博作为营销平台，每一个听众（粉丝）都是潜在营销对象，企业利用更新自己的微博向网友传播企业信息、产品信息，树立良好的企业形象和产品形象。每天更新内容就可以跟大家交流互动，或者发布大家感兴趣的话题，这样来达到营销的目的。该营销方式注重价值的传递、内容的互动、系统的布局、准确的定位，随着微博的火热发展也使得其营销效果更加显著。微博营销涉及的范围包括认证、有效粉丝、话题、名博、开放平台、整体运营等。

【微博营销的成功案例】

2008 年美国总统大选中奥巴马用微博作为参选工具，一般人只了解他的竞选团队用微博发布行程的特点，但是这个竞选团队对所有访问者都是一一主动追踪回复的。总统竞选对回复访问者都会如此耐心和细心，更不要说企业了。

如图 9.6 所示为某个人微博的首页。

图 9.6　某个人微博的首页

9.2　微博营销与博客营销的区别

每当一种新的互联网应用成为大众化的工具，都会相应地产生新的网络营销模式，所以大家争相探索微博营销。由于博客营销的价值已经被广泛认可，作为企业营销人员，很快也就把注意力集中到微博营销上来。微博营销与博客营销有着以下本质区别。

9.2.1　信息源的表现形式差异

博客营销以博客文章的价值为基础，并且以个人观点表述为主要模式，每篇博客文章表现为独立的一个网页，因此对内容的数量和质量有一定要求，这也是博客营销的瓶颈之一。微博内容则短小精炼，重点在于表达发生了什么有趣的事情，而不是系统的、严谨的企业新闻或产品介绍。

9.2.2　信息传播模式的差异

微博注重时效性，同时，微博的传播渠道除了相互关注的好友（粉丝）直接浏览之外，还可以通过好友的转发向更多的人群传播，因此是一个快速传播简短信息的方式。博客营销除了用户直接进入网站或者 RSS 订阅浏览之外，往往还可以通过搜索引擎搜索获得持续的浏览，博客对时效性要求不高的特点决定了博客可以获得多个渠道用户的长期关注。因此对于企业要建立多渠道的传播，博客营销是非常有价值的。而对于未知群体进行模糊的“微博营销”通常是没有任何意义的。

9.2.3 用户获取信息及行为的差异

用户可以利用平板电脑、手机等多种终端方便地操作和读取微博信息，发挥了“碎片时间资源集合”的价值。也正因为是信息碎片化以及时间碎片化，微博用户通常不会立即作出某种购买决策或者其他转化行为。而博客浏览者使用 PC 查阅博文时，一般都是闲暇时间，可以安静地阅读博文的详细内容，从而形成理性思维，作出明确的购买决定。因此博客营销相对微博营销的转化率会更高。

9.3 微博营销的特点

9.3.1 立体化、高速度、覆盖广

微博营销可以借助先进多媒体技术手段，从文字、图片等展现形式对产品进行描述，从而使潜在消费者更形象直接地接收信息，往往视消费者的心态为出发点。

微博最显著特征之一就是其传播迅速，转发非常方便，利用名人效应能够使事件的传播量呈几何级数放大，达到短时间内最多的目击人数。

9.3.2 便捷性与广泛性、成本小

140 个字发布信息，远比博客发布容易，对于同样效果的广告则更加经济。与传统的大众媒体（报纸、流媒体、电视等）相比受众同样广泛，前期一次投入，后期维护成本低廉。

9.3.3 针对性强、互动性强、拉近距离

微博营销是投资少、见效快的一种新型的网络营销模式，其营销方式和模式可以在短期内获得最大的收益。微博其实就是在拉近距离，通过微博企业能与粉丝即时沟通，及时获得用户反馈。从人性化角度上，企业品牌的微博本身就可以将自己拟人化，更具亲和力。

9.3.4 高技术性、浏览页面佳

微博营销可以借助许多先进多媒体技术手段，从多维角度等展现形式对产品进行描述，从而使潜在消费者更形象直接地接收信息。

9.4 微博营销的方法

9.4.1 微博定制

1. 个人设置

首先，选微博名和选择网站名一样，简单、容易记，让其他人看到微博名的时候，就能很快地记忆下来。另外，所选择的微博名要代表所推广的站点，例如，要推广休闲服装，

那么，名称也就是这个，不可能选择其他和推广内容无关的名词。

微博主人应认真仔细地填写个人设置中的每项内容，尽量做到真实可靠，因为只有这样才会给用户留下良好的品牌形象，建立信任度。

另外，微博中个人资料也会被搜索引擎所索引的。在简短的个人资料中，说明自己的同时，也选择适当的时机填入要优化的关键词，提升搜索引擎抓取的概率，同时也能增加有共同标签或共同兴趣的粉丝加关注。如微博中个人资料里个人标签的填写，这里可以填入要优化的关键词。

具体界面如图 9.7 所示的某微博后台个人资料界面。

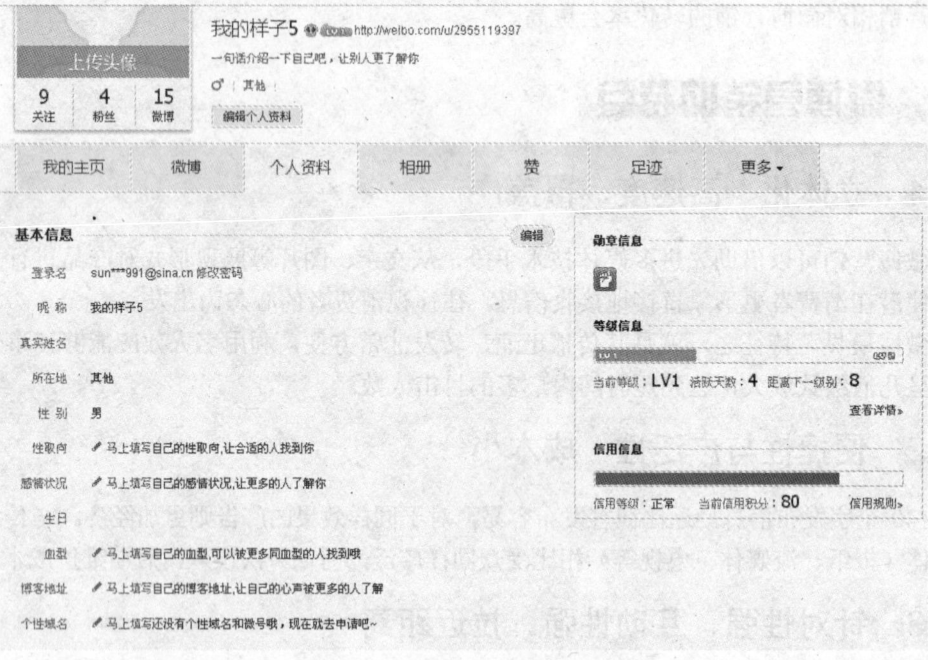

图 9.7 某微博后台个人资料界面

2. 官方认证加 V

针对企业微博账号、企业领袖、高管的账号、行业内有影响力人物的账号，要先获得新浪、搜狐等著名微博平台认证；获得认证的好处是：形成较权威的良好形象，微博信息可被外部搜索引擎收录，更易于传播，不过也有一点不好的地方，就是信息的审核可能会更严格。如图 9.8 所示为某加 V 微博。

图 9.8 某加 V 微博

3. 微博模版设计

在注册并得到官方认证加V后，应设计或者购买一款与微博定位相应风格的微博模版，并在模版中套用自己企业商品Logo或者个人的个性化Logo。设置好微博的各项模块功能，以便于向用户推荐有效的微博信息。如进入新浪微博选择设置菜单项中的模版，就可以进入丰富多彩的新浪微博模版商店，选择自己需要的模版来美化微博。如图 9.9 所示为某微博模版商店。

图 9.9 某微博模版商店

9.4.2 内容发布

微博的内容信息尽量多样化，每篇文字都要求带有图片、视频等多媒体信息，这样具有较好的浏览体验；微博内容尽量包含合适的话题或标签，以利于微博搜索。发布的内容要有价值，例如提供特价或打折信息、限时段内的商品打折活动，可以带来不错的传播效果。

微博要给人感觉像一个人，有感情、有思考、有回应、有自己的特点与个性。这样的微博具有很高的黏性，可以持续积累粉丝与专注，因为此时的有了不可替代性与独特的魅力。如图 9.10 所示为某个人微博发表界面，是某知名作家在发表的一篇微博。

图 9.10 某个人微博发表界面

想把微博变得有声有色，持续发展，单纯在内容上传递价值还不够，必须讲求一些技巧与方法。比如微博话题的设定，表达方法就很重要。如果的博文是提问性的，或是带有悬念的，引导粉丝思考与参与，那么浏览和回复的人自然就多，也容易给人留下印象。反之带来新闻稿一样的博文，会让粉丝想参与都无从下手。

为了不断地抓住粉丝的眼球，在发布微博的时候要选择用户关心的热门话题、找准用户感兴趣的点去发布相关的微博信息。微博信息每日都要有规律地进行更新，每天 5～10 条信息，一小时内不要连发几条信息，抓住高峰发帖时间更新信息。并且多参与转发和评论，主动搜索行业相关话题，主动去与用户互动。定期举办有奖活动，提供免费奖品鼓励，能够带来快速的粉丝增长，并增加其忠诚度。

9.4.3 开展微活动

以新浪微活动为例，新浪微活动是通过新浪微博发起的活动，其前提条件是微博用户上传了头像、发布了不少于 5 条微博、拥有不少于 10 个粉丝。新浪微活动类型包括三种：同城活动、有奖活动、线上活动。活动内容囊括了出游、演出、交友、聚会，等等。新浪微活动界面如图 9.11 所示。

图 9.11 新浪微活动界面

① 同城活动。活动内容针对特定地区奏效，可以是省份，可以是城市，也可以是小区。内容包括聚会、促销打折、作品征集等。

② 有奖活动。活动内容需要设置奖品，包括奖品数量、中奖概率，等等。活动形式可分为大转盘、砸金蛋、有奖转发和其他。活动的共同点是活动发起者必须是新浪认证用户，发起时间最长为 5 天，一旦发起，不可更改奖品名称和发起时间。即将结束时，可以追加

奖品的数量，但是不可以更改奖品的名称。

③ 线上活动。活动内容只在线上进行，形式包括晒照片、送祝福、测试等。

【发起活动】

仅认证用户（V 用户或者企业微博用户）可发起有奖活动；发起非有奖活动，需同时满足以下条件：须上传头像、粉丝达到 10 人、微博超过 5 条、每天只能发起 3 个活动。

发起活动分为三步：①选择活动类型区；②填写活动基本信息；③发起成功邀请参与者。

选择活动类型：新活动类型分为三大类同城活动、线上活动、有奖活动，它们分别有其所属子类型。

填写活动基本信息，如发起同城活动需填写：活动标题、活动描述、活动话题、活动时间、上传海报、活动地点、人均费用。在高级设置中，可以设定用户报名资格、报名时需要用户填写的联系方式。默认高级选项中是所有用户可报名，报名无需填写联系方式。若用户有高级设置需求，单击“展开高级设置”，该区域展开；发起大转盘、砸金蛋等有奖活动需填写奖品名、中奖率、奖品数量和奖品图片（选填）。奖项个数最少为 1，最多为 6。高级设置可以设定抽奖界面风格、参加抽奖资格、是否允许用户重复中奖。抽奖资格当设置对象为指定人时，可复选这些条件。活动参与者在抽奖时需满足条件，方可进行抽奖。

发起有奖转发活动的同时发布一条微博。转发内容即发布的微博内容。发布之后即不能修改。如果删除微博，活动则无法访问。转发内容为默认文案，若用户未设置转发所带图片，默认取该活动奖品图片。高级设置中设定参加资格。参与资格可指定为：需关注我、粉丝数不少于×人这些条件。满足参加资格的转发者为有效转发，将进入抽奖名单。

【邀请粉丝参与】

在活动的页面内按“邀请”按钮，邀请好友参与活动。邀请好友参与的方式有两种，第一种是通过 QQ、MSN、电子邮件发送邀请链接的方式；第二种是通知邀请我的微博粉丝参与活动的方式。

每天邀请粉丝上线为 50 人。24 小时内不能重复邀请同一个人。

9.4.4 营销型微博运营

1. 标签设置

合理设置标签，因为大部分微博平台都会推荐网民有共同兴趣的微博。例如新浪微博会推荐有共同标签或共同兴趣的人加关注。因此，标签就像网站的关键词一样，可以使得我们的微博在平台中获得较好的推荐机会和排名，从而吸引更多用户的关注。具体的标签策略可参照搜索引擎中的关键词策略实施，分为核心标签、辅助标签、外围标签等。

2. 建立微圈

腾讯微圈，就是微博好友的分组，将有着共同特征或者爱好的微博好友分在同一个圈内，便于交流。微圈能够聚合有相同爱好或者相同标签的朋友们，将所有与之相应的话题全部聚拢在微圈里面，让志趣相投的朋友们以微博的形式更加方便地进行参与和交流。微圈界面如图 9.12 所示。

图 9.12　腾讯微博微圈界面

3. 创建微群

新浪微博用户只要有图像，粉丝超过 10 个，发微博数超过 10 条，就能创建微群。目前，新浪微博用户创建微群的数量上限是 3 个，用户最多能加入 10 个微群，每个微群的人数上限是 500 人。微群中的微博用户可进行自由的沟通和交流，这样可以营造更加亲密、和谐的沟通氛围，使得潜在客户群与微博营销者的关系更加紧密。如图 9.13 所示为新浪微群界面。

图 9.13　新浪微群界面

搜狐微群分类更丰富，只要粉丝超过50人即可创建属于自己的群。微群功能很快在微博中全面普及，并且创建微群的门槛也有望在竞争压力下进一步降低。

4. 建立微刊

以新浪微刊为例，新浪微刊是新浪微博针对有创意、有内容的微博用户推出的一款类似Pinterest的个性化刊物产品“微刊”，用户可以将自己的内容集合，来吸引更多的读者粉丝。

新浪微博注册用户登录后进入应用，搜索微刊，选择感兴趣的微刊，单击立即使用微刊即可进入了微刊首页。在“我的微刊”里“创建微刊”，比如创建一个美食微刊，选择好美食分类，然后创建就可以了。进入自己创建的微刊后，可以进行封面编辑；然后发布文章，有完整编辑、图片发布、视频发布，还可以从网上摘录。

5. 粉丝发展

不在于认识什么人，而在于什么人认识，不在于什么人影响了，而在于影响了什么人。关注行业名人或知名机构；善用找朋友功能；提高粉丝的转发率和评论率。发布的内容主题要专一，企业微博的内容发布可以带上网址，以利于高质量用户搜索到。

9.5 微博营销的缺点

微博虽然带来了巨大的营销潜力和营销效果，但由于其先天功能性决定了它也有其特有的缺陷。

第一，微博对粉丝数有要求，只有有足够的粉丝才能达到传播的效果和目的，像一些刚注册用户的粉丝数远远不够，这种情况下除了靠自己优质内容的不断更新外就要采取其他手段了，譬如购买粉丝，又或者是骗粉，一些商家企业意识到这一点之后也参与其中开始养大批僵粉。这样就干扰了微博本身作为一个信息平台的透明化。

第二，由于微博里新内容产生的速度太快，所以如果发布的信息粉丝没有及时关注到，那就很可能被埋没在海量的信息中。

第三，传播力有限。由于一条微博文章只有几十个字，所以其信息仅限于在信息所在平台传播，很难像博客文章那样，被大量转载。同时由于微博缺乏足够的趣味性和娱乐性，所以一条信息也很难像开心网中的转贴那样，被大量转贴，除非是极具影响力名人或机构。

第四，可靠性受质疑，微博营销作为网络营销的一种是备受质疑的，网络媒体在公众心目中的可靠性远远不比传统媒体，诚信在网络营销尤其是微博营销中显得尤为重要。

第五，文笔要求过高，如何用140个字在保证趣味性、可读性、真实性的前提下将所要传达的商业信息淋漓尽致地传达出来，微博的140个字限制是许多商业写手最头痛的问题。

9.6 实训任务

9.6.1 实训任务1：新建微博实训

请每位同学以旅游、娱乐、体育、动漫、艺术、美食、其他兴趣爱好等为主题定位，在新浪微博平台建立属于自己的微博。使用和熟悉微博关注、发微博、评论、@、转发/转播、私信、微圈/微群、微活动功能。

9.6.2 实训任务 2：微博活动策划

假设某蛋糕店已经有一个在运营的官方微博，请围绕该蛋糕店情人节营销推广，策划设计一个微博营销方案。方案应包含以下内容。

（1）要求：区域范围，线上结合线下，策划应至少涉及 3 项以上微博功能；

（2）方案结构：包括目标，活动介绍（周期、对象、形式），活动实施步骤，费用预算，效果预估；

（3）要求 2 人一组讨论以 Word 文档形式，文件名为学号+姓名。

第 10 章

微信营销

微信营销是网络经济时代企业对营销模式的创新，是伴随着微信的火热而产生的一种网络营销方式。微信不存在距离的限制；用户注册微信后，可与周围同样注册的“朋友”形成一种联系，用户订阅自己所需的信息。商家通过提供用户需要的信息来推广自己的产品。微信是一种点对点的营销方式。

10.1 微信简介

微信是腾讯旗下的一款点对点即时通信产品，是当前国内较火爆的手机通信软件，支持发送语音短信、视频、图片和文字，可以群聊。微信提供公众平台、朋友圈、消息推送等功能，用户可以通过“摇一摇”、“搜索号码”、“附近的人”、扫二维码方式添加好友和关注公众平台，同时可以将内容分享给好友，用户还可将看到的精彩内容分享到微信朋友圈。

截至 2013 年 11 月，微信注册用户量已经突破 6 亿人，是亚洲地区最大用户群体的移动即时通信软件。微信一对一的互动交流方式具有良好的互动性，精准推送信息的同时更能形成一种朋友关系。基于微信的种种优势，借助微信平台开展客户服务营销也成为继微博之后的又一新兴营销渠道。如图 10.1 所示为微信聊天窗口。

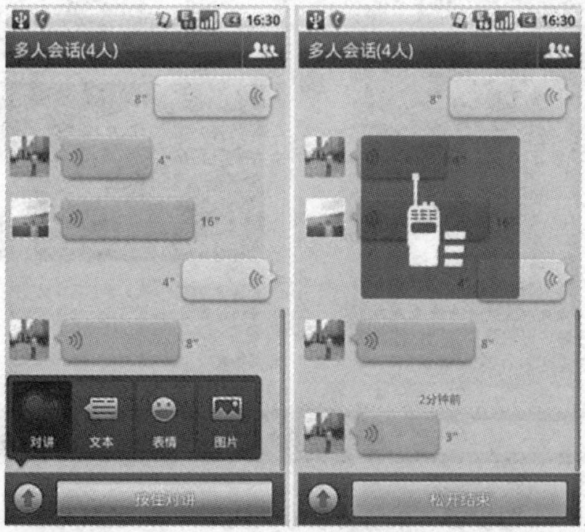

图 10.1　微信聊天窗口

10.2 微信公众平台

微信公众平台是腾讯公司在微信的基础上新增的功能模块，通过这一平台，个人和企业都可以打造一个微信的公众号，并实现和特定群体的文字、图片、语音的全方位沟通、互动。微信平台作为纯粹的沟通工具，商家、媒体和明星与用户之间的对话是私密性的，不需要公之于众的，所以亲密度更高，完全可以做一些真正满足需求和个性化的内容推送。

企业应该将微信平台作为品牌的根据地，要吸引更多人成为关注的普通粉丝，再通过内容和沟通将普通粉丝转化为忠实粉丝。当粉丝认可品牌，建立信任后，他自然会成为潜在客户。如图 10.2 所示为微信公众号后台首页。

图 10.2 微信公众号后台首页

如图 10.3 所示为微信公众号关注用户聊天窗口。

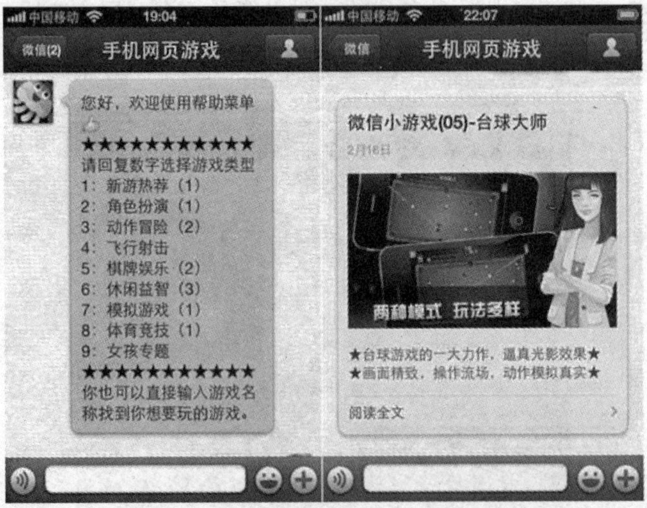

图 10.3 微信公众号关注用户聊天窗口

10.3 微信营销与微博营销比较

10.3.1 广度与深度

微信与微博相比较，微博的天然特性更适合品牌传播，作为一个自媒体平台，微博的传播广度和速度惊人，但是传播深度及互动深度不及微信，特别是微信的语音聊天功能成为它最大的功能优势。

10.3.2 曝光率

微博营销本身的曝光率是极低的。广告信息很容易就被淹没在微博滚动的动态中。除非刷屏发广告或者粉丝刷屏看微博。信息的到达率可能是采取微博营销最需要关注的地方。而微信不同，微信在某种程度上可以说是强制了信息的曝光，前提是先上了“贼船”。微信公众平台信息的到达率是100%，还可以实现用户分组、地域控制在内的精准消息推送，这似乎正是网络营销人士迫切需要的特点。只需把精力花在更好的文案策划上而不是不厌其烦的推广运营上。如此一来，微信公众平台上的粉丝质量要远远高于微博粉丝，只要控制好发送频次与发送的内容质量，一般来说用户不会反感，并有可能转化成忠诚的客户。

10.3.3 活体广告板

相对微博的纯互联网互动，微信中基于地理信息的功能插件“查看附近的人”可以使更多陌生人看到这种强制性广告。可以假设，如果营销人员在人流最旺盛的地方后台24小时运行微信，并通过“摇一摇”功能寻找附近好友，这个简单的签名栏会变成不错的移动广告位。

10.3.4 细化营销渠道

微信公众平台可以向“粉丝”推送包括新闻资讯、产品消息、最新活动等消息，甚至能够完成包括咨询、客服等功能。因此，微信在信息的用户推送与粉丝的“CRM管理”方面要优于微博。尤其是微信立足于移动互联网，更使得微信成为尤为重要的营销渠道。微信公众平台的客户关系管理（CRM）特点明显，管理上可以借鉴传统的CRM管理，每天实时收集反馈和回复，整理登记。

10.3.5 延伸的行业应用——公众账号的接口应用

随着微信的不断发展，未来延伸的地方还有很多。比如医院的微信营销。有条件的医院可以开发一个微信的接口应用，如自助挂号、查阅电子病例等功能，把公众账号打造成工具。先让部分用户体验，养成使用习惯，最终推广开来，从而取代用户使用电话或到场办理业务。

10.4 微信营销的方式

10.4.1 粉丝发展式——贴心互动

微信营销者快速发展关注好友，通过设计和策划有吸引力的特色小活动，比如一些自动回复和分析客户信息并给予回答的软件，与关注者进行一对一的推送，企业可以与“粉丝”在个性化的互动活动中加深认同度。如图 10.4 所示为微信贴心互动界面。

图 10.4 微信贴心互动界面

10.4.2 草根广告式——“查看附近的人”

微信中“查看附近的人”功能便可以使更多陌生人看到这种强制性广告。用户单击“查看附近的人”后，可以根据自己的地理位置查找到周围的微信用户。在这些附近的微信用户中，除了显示用户姓名等基本信息外，还会显示用户签名档的内容。所以用户可以利用这个免费的广告位为自己的产品打广告。

营销人员在人流最旺盛的地方后台 24 小时运行微信，如果“查看附近的人”使用者足够多，这个广告效果也会随着微信用户数量的增加而上升，这个简单的签名栏会变成移动的“黄金广告位”。如图 10.5 所示为微信“查看附近的人”界面。

图 10.5 微信“查看附近的人”界面

10.4.3 社交网络式——“朋友圈”营销

微信的“朋友圈”作为朋友间互相交流的平台，如今也开始向着电子商务发生着转变。卖美肤品、卖化妆品、卖衣服和首饰的，各种活动、各种产品的分享　　整个“朋友圈”在微信好友交流情感的同时成为了电子商务营销圈。继微博之后，微信平台逐渐成为网络卖家进行产品推销的平台，微信用户利用自己的人脉，在“朋友圈”中做起了各种商品的代理。如图 10.6 所示为微信“朋友圈”界面。

图 10.6　微信“朋友圈”界面

同样的生意可以在陌陌做，可以在来往做，可以在 QQ 空间做，也可以通过微信做。互联网电商的核心是流量、成交、转化率。微信“朋友圈”之所以被许多个人网络营销者用于网络营销，是因为它有着以下其他应用无法比拟的功能特点优势，微信通过与客户之间的关系维护，从而大幅度提高了产品的转化率。

（1）微信以其强大的用户群体使我们相信我们的客户，都在上微信。而微信“朋友圈”拥有天然的 SNS 熟悉，在“朋友圈”发完产品照片，就可以直接通过微信私聊了，不用切换工具，且客户关系更容易维护。当客户分享内容的时候，营销者可以去点赞，可以去评论。通过这样的运营，与客户之间就形成了一种交流方式。微信，让营销者与客户之间，变得更好联系了。

（2）微信“朋友圈”评论功能的私密性特别强。评论微信的好友，他们之间不是好友的话，是无法看到对方评论的信息。也就是说，哪怕有人评论这件产品质量不好，其他人也看不到。

（3）从客户特点来看，爱玩微信“朋友圈”的人，都爱分享。吃饭、旅游的时候都要拍个照，分享到“朋友圈”。当客户收到产品的时候，也就顺手拍照分享了，在微信上分享的信息，基本上朋友在浏览“朋友圈”的时候，都会看到。不管他看不看，产品图片就在那里，他处于强迫式看广告。这在无形中，是帮产品做了一次免费的广告。

（4）因为营销者和客户在交朋友。另外，老客户也很容易通过“朋友圈”帮营销者介绍新客户。所以，当客户数量上了一定规模，只需要做好产品和服务就行。

10.4.4 品牌活动式——“漂流瓶”

微信“漂流瓶”有两个简单功能：“扔一个”，用户可以选择发布语音或者文字然后投入大海中；“捡一个”，“捞”大海中无数个用户投放的“漂流瓶”，“捞”到后也可以和对方展开对话，但每个用户每天只有 20 次机会。

营销者可以发布语音或者文字消息“漂流瓶”，然后投入大海中，如果有其他用户“捞”到，则可以展开对话。营销者还可以联系微信官方，让其工作人员对“漂流瓶”的参数进行更改，这样推广的活动在某一时间段内抛出的“漂流瓶”数量就会大增，广大用户“捞”到推广“漂流瓶”的频率也会增加。而且“漂流瓶”模式本身可以发送不同的文字内容甚至语音小游戏等，针对性较强的创意内容能产生不错的营销效果。图 10.7 所示是“漂流瓶”的操作界面。

图 10.7 微信“漂流瓶”界面

如招商银行的“爱心漂流瓶”用户互动活动案例。其微信“漂流瓶”营销案例聊天窗口如图 10.8 所示。

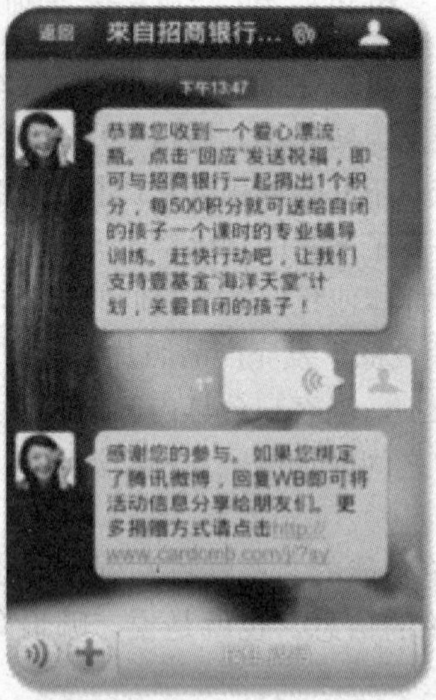

图 10.8 微信“漂流瓶”营销案例聊天窗口

【案例分析】

微信官方对“漂流瓶”的参数进行更改，使得合作商家推广的活动在某一时间段内抛出的“漂流瓶”数量大增，普通用户“捞”到的频率也会增加。但是，如果采用这种方式的话，需要注意的是，信息的呈现一定要灵活，不能发表一些样话、套话。要想办法提高用户的有效回复率。

10.4.5 O2O 折扣式——二维码扫一扫

微信扫描二维码的方式已经被广泛运用，消费者在公交站牌、报纸杂志等场所都可以通过扫描企业品牌的二维码，获得折扣和优惠，这种方式精准度更高，有极大可能吸引潜在意向客户关注。如图 10.9 所示为微信公众号二维码。

图 10.9　微信公众号二维码

10.4.6 互动营销式——微信公众平台

在微信公众平台上，每个人都可以用一个邮箱，打造自己的微信公众账号，并在微信公众平台上实现和特定群体的文字、图片、语音的全方位沟通和互动。

通过微信公众平台的开发模式接口，应用开发者可以将自己的 Web 网站、微站与微信公众平台进行数据联通，并实现微信公众平台聊天窗口直接与后台网站的交互，实现丰富多彩的应用功能。如图 10.10 所示为微信公众平台互动关系图。

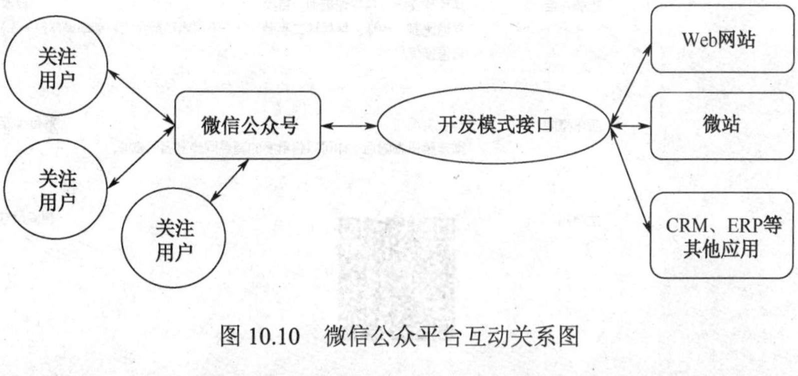

图 10.10　微信公众平台互动关系图

如图 10.10 所示，企业通过微信公众平台的开发模式接口在微信公众号与企业后台的 Web 网站，微站，CRM、ERP 等企业信息化应用之间建立数据接口。从而实现企业信息化系统以及 Web 网站、微站直接服务于关注企业微信公众号用户的聊天窗口。

下面简单介绍微信公众账号的部分后台操作。

1. 账号信息

管理员可通过微信公众账号后台进行账号信息的编辑和维护。包括头像、功能介绍、二维码等设置，其中微信公众号的名称、原始 ID、微信公众号在注册之初就已确定，无法二次更改。如图 10.11 所示为微信账号信息管理界面。

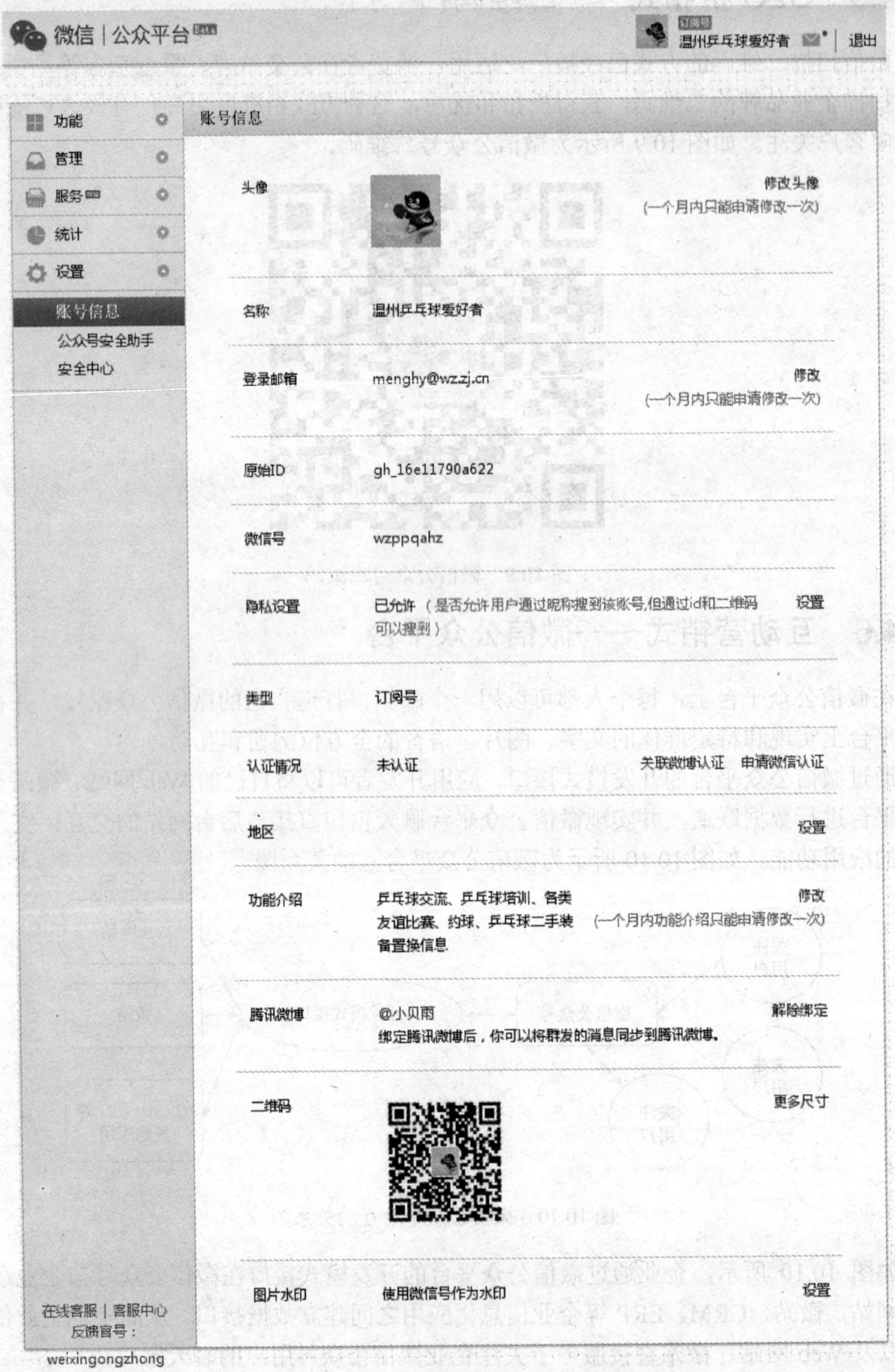

图 10.11　微信账号信息管理界面

2. 用户管理

微信公众账号后台用户管理界面如图 10.12 所示。

图 10.12 微信公众账号后台用户管理界面

登录进入公众账号后台，单击左侧菜单栏“用户管理”，关注本号的全部用户会列表在右侧。管理员可以通过分组功能设置用户不同分组进行管理，可以修改备注来对用户特点进行额外说明。

3. 素材管理

微信公众账号后台素材管理界面如图 10.13 所示。

图 10.13 微信公众账号后台素材管理界面

单击“素材管理”，进入素材管理界面。单击“+”按钮，可进行群发信息素材的新建。可选择新建“单图文信息”或“多图文信息”，如图 10.14 所示为微信公众平台多图文信息界面。

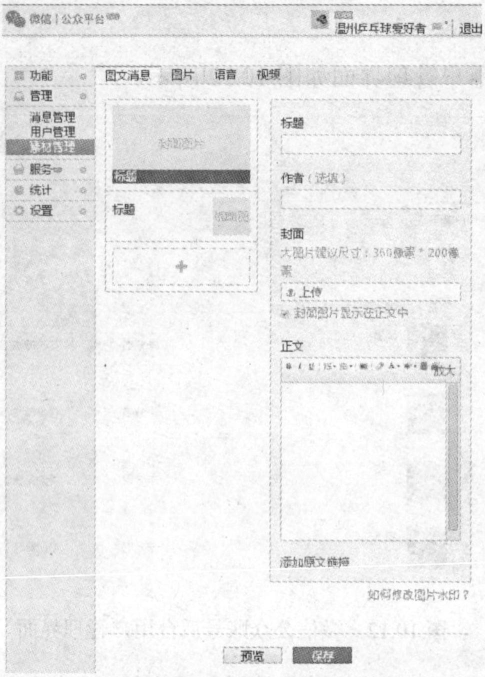

图 10.14 微信公众平台后台多图文信息界面

下面以多图文信息为例介绍素材管理步骤。

首先填写信息封面的标题、作者、正文、上传封面图片；然后单击内容栏编辑图样，填写信息栏目内容的标题、作者、正文、上传封面图片；多条图文信息可单击“+”按钮逐条类似上传。信息上传完毕后，单击“保存”按钮完成素材建设。如图 10.15 所示为多图文信息效果图。

图 10.15 多图文信息效果图

4. *信息群发*

管理员在作好多图文信息素材后，单击左侧菜单栏功能、单击群发功能进入信息群发管理界面，如图 10.16 所示。可通过“群发对象”、“性别”、“群发地区”来设置群发信息的群发范围；通过选择“文字”、“图片”、“语音”、“视频”、“图文消息”来选择设置要群发的信息类别，并在后续窗口中选择要群发的具体信息，如图 10.17 所示为选择图文信息群发界面。作好以上设置后单击“群发”按钮即可完成信息的群发。

注意，微信公众订阅账号每天限群发一条信息。

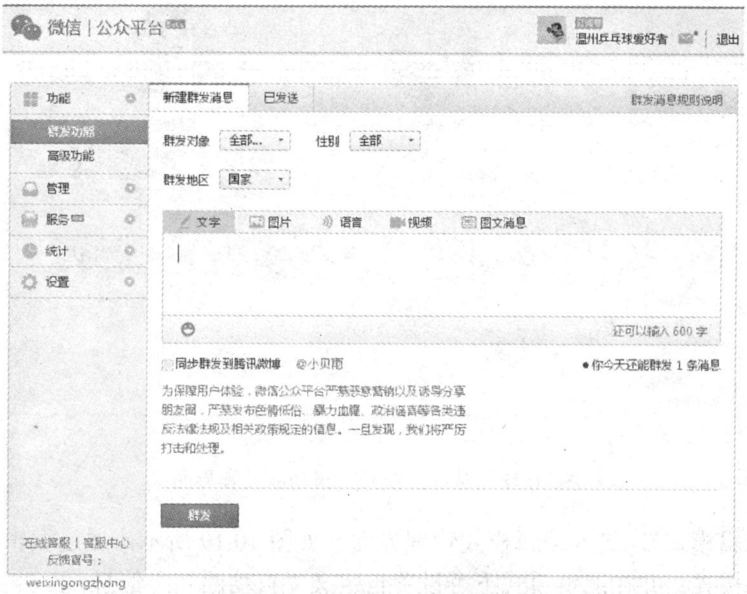

图 10.16 微信公众号信息群发界面

图 10.17 选择图文信息群发界面

5. 高级功能

单击左侧菜单栏“高级功能”进入微信公众平台高级功能设置界面，如图 10.18 所示。

图 10.18　微信公众号高级功能设置界面

单击“编辑模式”，进入编辑模式管理界面，如图 10.19 所示，通过编辑模式“开启”开关开启编辑模式，并在编辑模式下可设置自定义“自动回复”信息。

图 10.19　微信公众号编辑模式界面

单击“开发模式”，进入开发模式管理界面，通过开发模式“开启”开关开启“开启”模式。在开发模式中微信公众号可实现与企业自建的 Web 网站，微站，CRM 系统、ERP 系统进行数据互联，关键在于图 10.20 中所示的“服务器配置部分”。由于篇幅原因，本书只对微信公众号开发模式作简单介绍。

图 10.20 微信公众号开发模式界面

6. 自动回复信息设置

单击编辑模式下“自动回复”设置进入自动回复管理界面。自动回复分为“被添加自动回复”、“消息自动回复”、“关键词自动回复”，分别处理当用户关注本公众号时的自动回复信息、当用户向本公众号发送消息时的自动回复信息、当用户在公众号聊天窗口输入关键词时的自动回复预设的信息。以关键词自动回复设置为例，界面如图 10.21 所示的关键词自动回复设置界面。

管理员可选择某关键词，单击“展开”按钮，对该关键词自动回复进行再次编辑，具体界面如图 10.22 所示的某关键词自动回复设置细节界面；也可以单击“添加规则”按钮，新建一条自动回复的关键词自动回复规则，具体界面与图 10.22 类似，不再重复叙述。

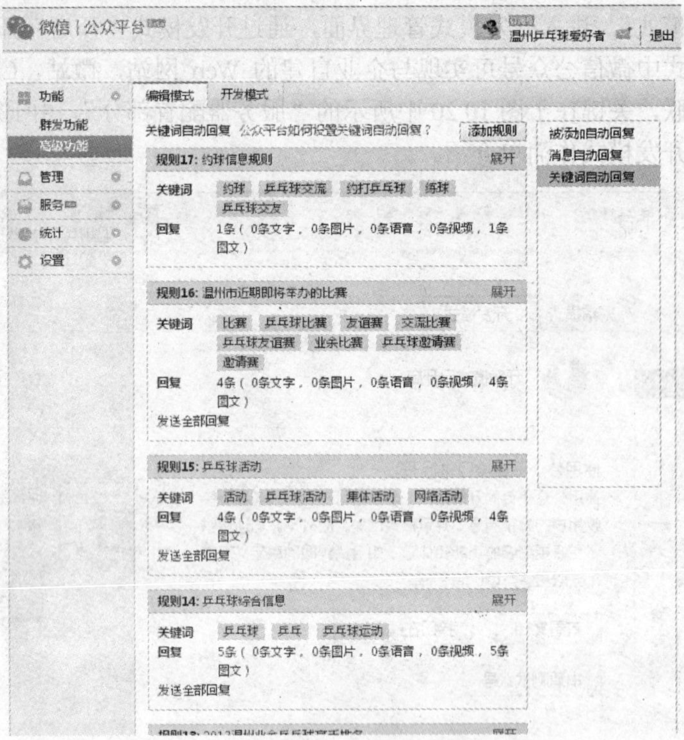

图 10.21 某关键词自动回复设置界面

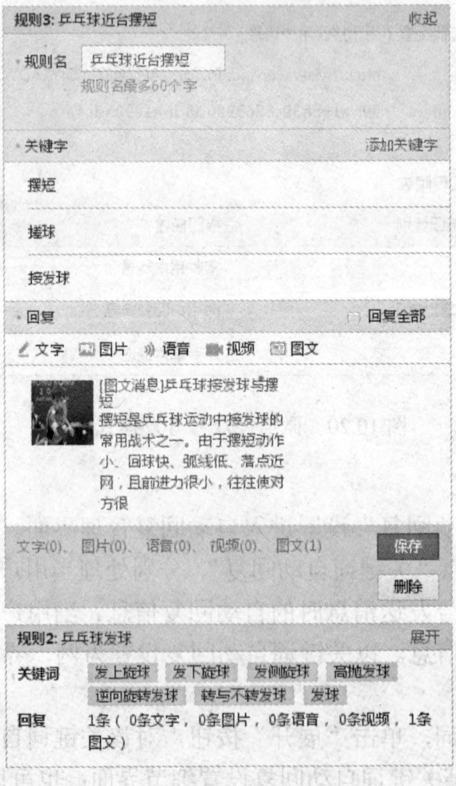

图 10.22 某关键词自动回复设置细节界面

10.5 微信营销策略

10.5.1 大小号助推加粉

个人商户在尝试微信营销的时候都是采用小号，修改签名为广告语，然后再寻找附近的人进行推广的方式。但对于企业商家，完全可以借用微信打造自己的品牌和CRM。企业可以先注册公众账号，在粉丝达到500名之后，以申请认证的方式进行营销，更有利于商家品牌的建设，也方便商家推送信息和解答消费者的疑问，更重要的是可以借此免费搭建一个网络营销平台。小号则可以通过主动寻找附近的消费者来推送大号的引粉信息，以此将粉丝导入到大号中进行统一管理。

10.5.2 实体店面同步营销

店面也是充分发挥微信营销优势的重要场地。在菜单的设计中添加二维码并采用会员制或者优惠的方式，鼓励到店消费的顾客使用手机扫描。一来可以为公众账号增加精准的粉丝，二来也积累了一大批实际消费群体，对后期微信营销的顺利开展至关重要。店面能够使用到的宣传推广材料都可以附上二维码，当然也可以独立制作展架、海报、DM传单等材料进行宣传。

10.5.3 签到打折活动举例

微信营销比较常用的就是以活动的方式吸引目标消费者参与，从而达到预期的推广目的。如何根据自身情况策划一场成功的活动，前提在于商家愿不愿意为此投入一定的经费。当然，商家借助线下店面的平台优势开展活动，所需的广告耗材成本和人力成本相对来说并不是达到不可接受的地步，相反，有了缜密的计划和预算之后，完全可以凭借低成本打造出一场效果显著的活动。

以签到打折活动为例，商家只需制作附有二维码和微信号的宣传海报和展架，配置专门的营销人员现场指导到店消费者使用手机扫描二维码。消费者扫描二维码并关注商家公众账号即可收到一条确认信息，在此之前商家需要提前设置好被添加自动回复。凭借信息在埋单的时候享受优惠。为预防顾客消费之后就取消关注的情况出现，商家还可以在第一条确认信息中说明后续的优惠活动，使得顾客能够持续关注并且经常光顾。

10.5.4 “意见领袖型”营销策略

企业家、企业的高层管理人员大都是意见领袖，他们的观点具有相当强的辐射力和渗透力，对大众言辞有着重大的影响作用，潜移默化地改变人们的消费观念，影响人们的消费行为。微信营销可以有效地综合运用意见领袖的影响力和微信自身强大的影响力刺激需求，激发购买欲望。如小米创办人雷军，就是最好的“意见领袖型”营销策略。如雷军利用自己的微博强有力的粉丝，在新浪上简单地发布关于小米手机的一些信息，就得到众多小米手机关注者转播与评论，更能在评论中知道消费者的想法和内心的需求。

10.5.5 “病毒式”营销策略

微信即时性和互动性强，可见度、影响力以及无边界传播等特点特别适合病毒式营销策略的应用。微信平台的群发功能可以有效地将企业拍的视频、制作的图片或宣传的文字群发到微信好友。企业更是可以利于二维码的形式发送优惠信息，这是一个即经济实惠，又更有效的促销好模式。而且顾客主动为企业做宣传，激发口碑效应，将产品和服务信息传播到互联网，还有生活中的每个角落。

10.5.6 “视频、图片”营销策略

运用“视频、图片”营销策略开展微信营销，首先要在与微友的互动和对话中寻找利用市场，发现利益市场。为特定利益市场的潜在客户提供个性化、差异化服务；其次，善于供助各种技术，将企业产品、服务的信息传送到潜在客户的大脑中，为企业赢得竞争的优势，打造出优质的品牌服务。让微信营销更加“可口化、可乐化、软性化”，更多地吸引消费者的眼球。

10.6 微信营销实训任务

10.6.1 实训任务 1：微信营销活动策划

假设个人代理某中低端化妆品品牌，以学校商圈为营销对象，请编写一份为期 3 个月的微信营销策划，应包含客户群体特征分析、粉丝发展计划、微信客户端现有功能的营销特点分析、微信营销实施方案、营销效果评估机制。

10.6.2 实训任务 2：微信公众账号申请

请每位同学自选主题，以个人名义申请一个微信公众账号，并在公众账号后台设置 3 个图文信息、3 个关键词自动回复。

第 11 章

网络营销的内容选择

11.1 网络销售货源的选择

确定要开一家网上店铺进行网络营销后，“卖什么”就成为最主要的问题了。在确定卖什么的时候，要综合自身财力、商品属性以及物流运输的便捷性，对售卖商品加以定位。目前个人店铺的网上交易量比较大的包括服装服饰、化妆品、珠宝饰品、手机、家居饰品等。在这方面，网上开店与传统的店铺并无太大区别，寻找好的市场和有竞争力的产品是成功的重要因素。

11.1.1 货源选择方法

要在网上开店，首先就要有适宜通过网络销售的商品，并非所有适宜网上销售的商品都适合个人开店销售。本书建议通过以下三方面来考虑销售商品的选择。

1. 物以稀为贵

选择商品一定不能选择那些到处都能买到的商品，那些商品既然到处都能买到，买家为什么还要来网店买？再加上邮寄费，肯定比别处的贵了。即使能卖出去，也赚不了钱。要找些少见的商品，那样自然有人肯花大价钱来买商品了，这就应用了差异化的竞争策略。

2. 利用地区价格差异

许多商品在不同的地区，价格相差很多，如电器类，广东等沿海城市要比内陆便宜许多，而收藏品在古都城市（北京、西安、洛阳）又比沿海便宜得多，所以要从自己的身边着眼，找找自己身边盛产而其他地方没有的商品，这样才能卖个好价钱，这就应用了成本领先策略。

3. 做熟不做生

尽量不要涉足不熟悉的产品，如果热爱手工、十字绣、手绘等创造性的事情，不妨开个相关的 DIY 店铺。特色店铺在哪里都是受欢迎的。因为特色的东西少，所以容易吸引人。如果对摄影非常在行，喜欢数码类产品，不管自己有没有实体店铺，都可以在这方面尝试一下。最重要的是努力成为这个领域的专家。主动回答会员的问题，提供会员售卖商品的相关知识。时间长了，口碑效应好了，大家一想到这方面的购物，就会首先想到这里。总之每个人都有自己的特长。任何时候，学会淋漓尽致地发挥自己的特长很重要，不要拿自己的短处去拼别人的长处，这就应用了专业化的相对创新策略。

11.1.2 适合网络销售商品特点

通过对网上出售产品的细分发现，适合网上开店销售的商品一般具备下面的特点。

（1）体积较小、方便运输，降低运输的成本。

（2）附加值较高、价值低于运费的单件商品是不适合网上销售的。

（3）具备独特性或时尚性，网店销售不错的商品往往都是独具特色或者时尚的。

（4）价格较合理，如果网下可以用相同的价格买到，就不会有人在网上购买了。

（5）易于网络展示，通过网站了解就可以激起浏览者的购买欲。如果这件商品必须要亲自见到才可以达到购买所需要的信任，那么就不适合在网上开店销售。

（6）网下没有，只有网上才能买到，比如外贸订单产品或者直接从国外带回来的产品。

11.1.3 作好市场调查

当选择了一类或是几类产品以后，就要开始进行了解客户和对手的市场调查，再来确定选择是否正确，因为大多数时候选择是基于自己的经验或是不对称的信息进行判断的，判断常常是错误的，最终可能会导致的创业失败。

针对网上开店这样的小本创业行为，本书里提供一些基础的市场调查方法。

（1）可以把自己的想法或是样品拿出来听听亲戚或是周围朋友的意见，因为他们很多人可能就是潜在客户，也可以请教一些行业人士与专家，听听他们的意见。这调查过程中不要认为有些人不会上网，那他就不是客户，就不用调查他。这个想法是错误的，因为网上开店只是一种营销的渠道，并不是说没有人要的产品，放在网上就有人要，只有网下有人要的产品，放在网上，性价比好才会卖得出去。

（2）可以上网看看别人的网店里有没有这样的产品出售。如果有，那就说明了这样的产品有市场，但这样的市场是不是自己的市场，这个时候就要看自己的产品有没有竞争优势，如果是同一品牌就主要看价格有没有优势，如果是不同的品牌这个时候要看自己的品牌的影响度和产品的性价比。如果没有，这个时候就要作线下的调查，如果能形成一定的购买市场，那在网上开店就具备了人无我有的好商品，这就形成了差异化的竞争，就形成了的核心竞争力，即使价格高一点，也会有人抢购。

11.1.4 网络营销应遵循国家法律法规

网络营销也要注意遵守国家法律法规，不要销售以下商品。

（1）法律法规禁止或限制销售的商品，如武器弹药、管制刀具、文物、淫秽品、毒品。

（2）假冒伪劣商品。

（3）其他不适合网上销售的商品，如医疗器械、药品、股票、债券和抵押品、偷盗品、走私品，或者以其他非法来源获得的商品。

（4）用户不具有所有权或支配权的商品。

11.1.5 当前最热网络商品类别

网上开店卖什么最热门，哪些商品是人们在网上最喜欢购买的呢，以全球最大网上零售商易趣为例。据易趣网最新统计显示，水晶、纯银项链、彩屏手机、床上用品、牛仔裤等成为人们搜索最多的关键词，这些关键词从一个方面显示出人们的购物时尚，也为欲做网上生意的人们提供了开店导向。

（1）珠宝类。水晶、翡翠吊坠热卖。珠宝分类一直是易趣网上交易最为活跃的分类，流行饰品的新宠水晶和个性化的吊坠受到买家的青睐。

（2）礼品居家分类。Zippo、床上用品受宠。选购礼品一向是花费心思的差事，人们的送礼越来越偏向于品位与个性，具有一定身份象征的 Zippo 打火机成为新宠。而床上用品的热销说明了网络购物的另一大特点——实用。居家装饰能看出主人的品位和心态，或素雅，或卡通，或时尚。

（3）手机分类。高像素摄像头、智能机与触屏手机被青睐。手机一族们始终不会放过任何一种可以展现个性的新功能。

（4）服饰分类。牛仔裤、T 恤、户外衫继续流行。牛仔装是一年四季不变的流行，无论出席何种场合，只要搭配得当，牛仔装就能显示出独特的魅力。低腰修身牛仔长裤，更是受到了白领一族的青睐。

打开淘宝网站，浏览首页上的各个商品展示模块所属的商品品类，便可基本了解当前国内网络热销商品的基本状况。

11.2 网络营销寻找货源

确定了卖什么之后，就要开始找货源了。网店之所以有市场空间，成本较低是重要因素。掌握了物美价廉的货源，就掌握了电子商务经营的关键。以服饰类商品为例，一些知名品牌均为全国统一价，在一般地面店最低只能卖 8.5 折，而网上可以卖到 7～8 折。那么，如何才能找到价格低廉的货源呢？

1. 充当市场猎手

密切关注市场变化，充分利用商品打折机会找到价格低廉的货源。拿网上销售非常火的名牌衣物来说，卖家们常常在换季时或特卖场里淘到款式、品质上乘的品牌服饰，再转手在网上卖掉，利用地域或时空差价获得足够的利润。网上有一些化妆品卖家，与高档化妆品专柜的主管熟悉之后，可以在新品上市前抢先拿到低至 7 折的商品，然后在网上按专柜 9 折的价格卖出，因化妆品售价较高，利润也相应更加丰厚。

2. 关注外贸产品

外贸产品因其质量、款式、面料、价格等优势，一直是网上销售的热门品种。很多在国外售价上百美元的名牌商品，网上的售价仅有几百元人民币，使众多买家对此趋之若鹜。

3. 买入品牌积压库存

有些品牌商品的库存积压很多，一些商家干脆把库存全部卖给专职网络销售卖家。品牌商品在网上是备受关注的分类之一，很多买家都通过搜索的方式直接寻找自己心仪的品牌商品。而且不少品牌虽然在某一地域属于积压品，但网络覆盖面广的特性，完全可使其在其他地域成为畅销品。如果有足够的砍价本领，能以低廉的价格把他们手中的库存吃下来，通过网络营销就能获得丰厚的利润。

4. 拿到国外打折商品

国外的世界一线品牌在换季或节日前夕，价格非常便宜。如果营销者在国外有亲戚或朋友，可请他们帮忙，拿到诱人的折扣在网上销售，即使售价是传统商场的 4～7 折，也还有 10%～40%的利润空间。这种销售方式正在被一些留学生所关注，日本留学生的店铺经营日本最新的化妆品和美容营养保健品，通过航空运输送到国内甚至世界其他国家，目前在淘宝和易趣都有店铺。因为其化妆品新鲜，而且比国内专柜上市更快、更便宜，因而受到追捧。此外，一些美国、欧洲的留学生也在网上出售顶级品牌的服饰和箱包产品，其利润均在 30%以上。

5. 批发商品

一定要多跑地区性的批发市场，如北京的西直门、秀水街、红桥，上海的襄阳路、城隍庙，不但熟悉行情，还可以拿到很便宜的批发价格。通过和一些批发商建立了良好的供求关系，能够拿到第一手的流行货品，而且能够保证网上销售的低价位。

找到货源后，可先进少量的货试卖一下，如果销量好再考虑增大进货量。在网上，有些卖家和供货商关系很好，往往是商品卖出后才去进货，这样既不会占资金又不会造成商品的积压。总之，不管是通过何种渠道寻找货源，低廉的价格是关键因素。找到了物美价廉的货源，网上商店就有了成功的基础。

11.3　网络营销模式与平台的选择

电子商务网络营销给许多企业带来了商机，带来了低成本的营销平台导入机会。虽然成功案例颇多，但由于部分企业对于新颖的网络营销平台运营规律、投入与产出认识的不足，导致电子商务经营失败的例子也很多。

中小企业如何选择适合自己的营销平台，从而以最少的投资获得最大的市场回报是很多企业困惑的事情。本书经过对当前国内外电子商务模式与平台的特点分析，建议企业可以从以下五个方面入手，通过对自己企业产品品牌的目标导向，来锁定企业所需要的营销平台。

11.3.1　网络开店概述

在淘宝、易趣等三方网店平台进行网络开店是很多企业试水电子商务的首选切入点，因为这种网络营销方式成本低廉、效果较为显著，且通过网络开店可以让企业初步熟悉货源组织、网络商品上架、网络推广、网络销售、网络客服、流量数据分析等各个网络营销关键环节。而当前的网店模版基本都能满足企业网络销售对平台的各种功能性需求。由于大部分的网店平台功能大同小异，下面以淘宝网网店注册为例进行介绍。

在淘宝网上开店步骤如下。

第 1 步：准备清晰的开店人身份证正反面照片电子版，如图 11.1 所示。

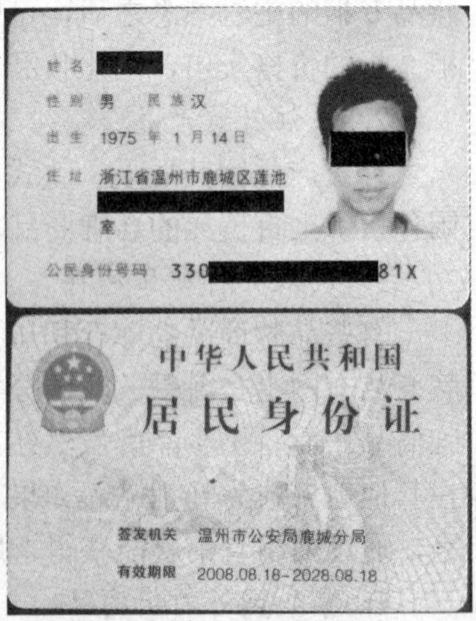

图 11.1　身份证样例

第 2 步：店主的上半身照以及自己上半身照手持身份证正面的照片电子版（胳膊伸直手拿证件离相机或者

手机近距离），如图 11.2 所示。

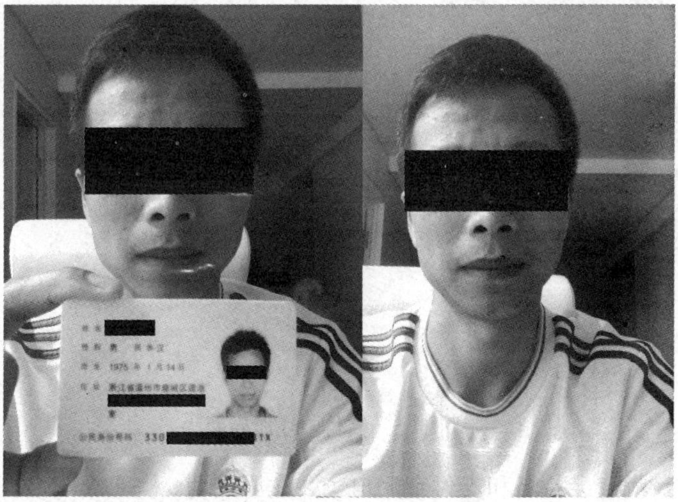

图 11.2　持身份证正面半身照

第 3 步：打开淘宝网（www.taobao.com），其首页如图 11.3 所示。单击“免费注册”。

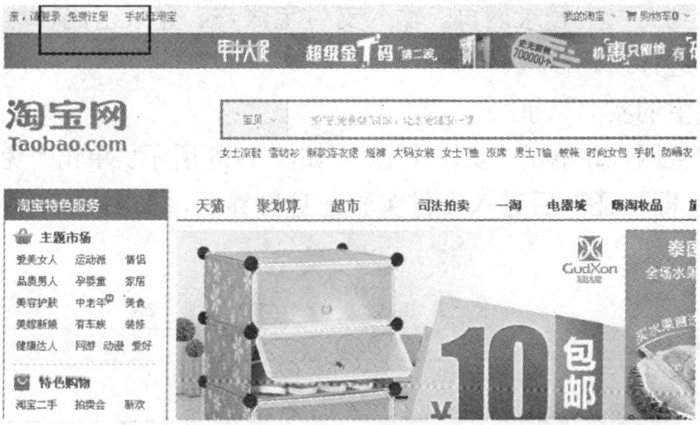

图 11.3　淘宝首页

第 4 步：淘宝会员名的注册

进入淘宝网账户注册界面，如图 11.4 所示。

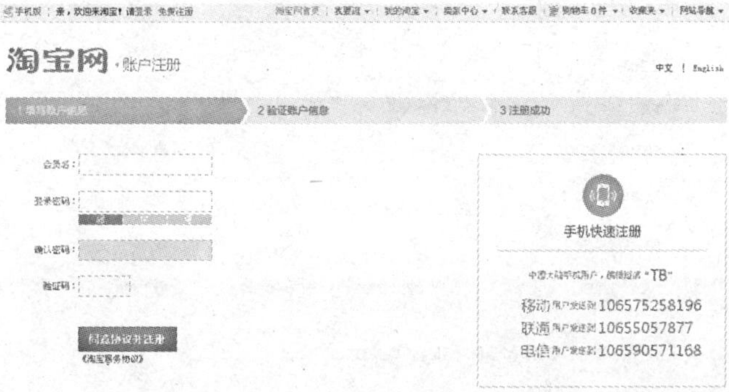

图 11.4　淘宝网账户注册界面

单击图 11.4 中“同意协议并注册”后进入支付宝注册界面，如图 11.5 所示。

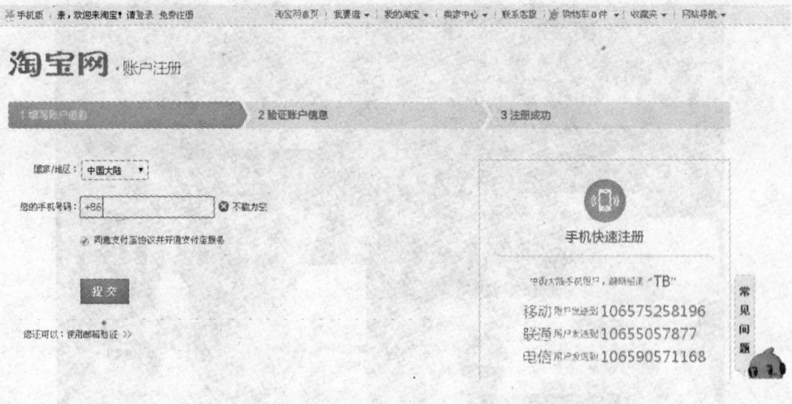

图 11.5　支付宝注册界面

经过上一步，淘宝会员名和支付宝账户一并注册成功。淘宝会员名，就是在图 11.4 界面中输入的名字，而支付宝账户，就是图 11.5 界面中输入的手机号或者邮箱。支付宝的初始登录密码和淘宝会员名的登录密码是一样的，稍后支付密码需要重新设置一下。

第 5 步：支付宝进行密码修改

建议店主登录到支付宝登录网页，输入支付宝账户、登录密码，然后单击“登录”后，单击“安全中心”进行密码修改。

第 6 步：支付宝的实名认证

登录自己的淘宝网，并单击“卖家中心”，如图 11.6 所示。单击“免费开店”，单击“开始认证”，单击“立即认证”后进入支付宝验证身份界面，如图 11.7 所示，填写相关信息后单击“下一步”按钮。

图 11.6　淘宝网卖家中心免费开店页面

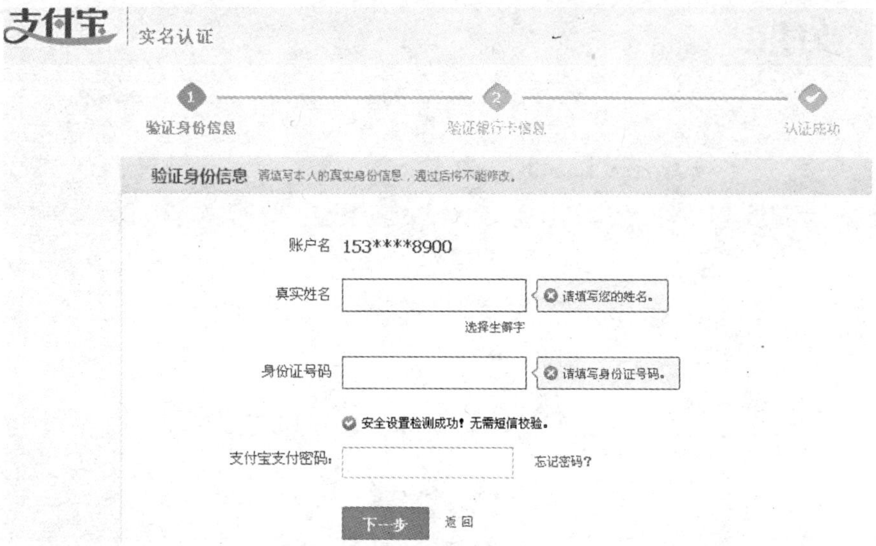

图 11.7　支付宝验证身份界面

第 7 步：填写图 11.8 所示内容，并上传之前准备的身份证正反面照片电子版。要求 2 分钟内完成，否则会提示“请不要重复提交请求”，需要重新进行认证。

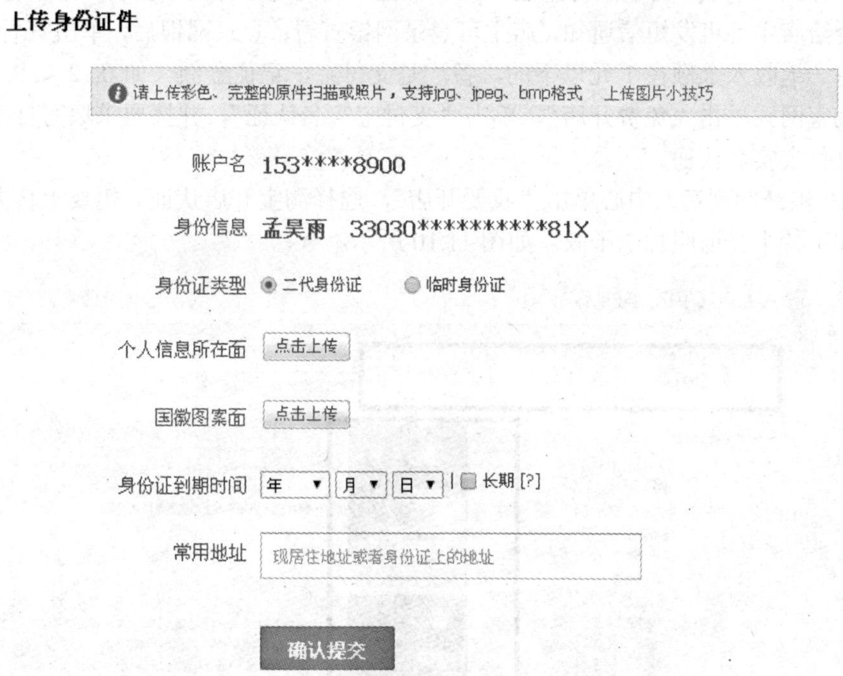

图 11.8　支付宝身份认证界面

第 8 步：图 11.8 中单击“确认提交”后，进入支付宝实名认证银行信息提交界面，如图 11.9 所示。在此表单中填写银行卡信息，须准确无误。

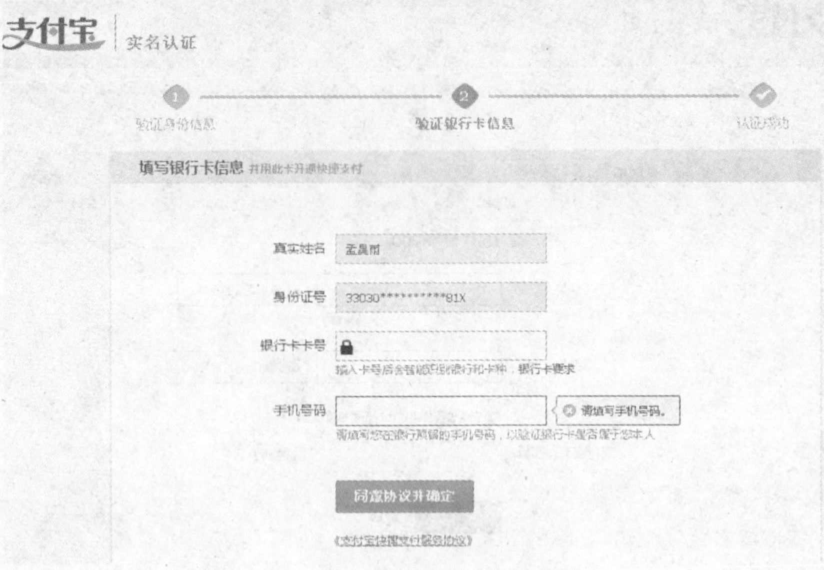

图 11.9 支付宝实名认证银行信息界面

第 9 步：图 11.9 中单击“同意协议并确定”后，支付宝会在 1～2 天之间给之前提交的银行卡打入一笔钱，其金额肯定在 1 元以下但不能确定具体是多少；如果银行打款成功，支付宝会给店主手机发短信通知，店主可登录网银查看；登录网银后，单击查看账户明细，会发现有一笔收入金额在 1 元以下的，备注是支付宝，记住金额（如 0.12 、0.36 等）；然后打开淘宝网，单击“免费开店”，单击“支付宝实名认证”，并按要求填写打款金额，就完成了支付宝实名认证。

第 10 步：回到卖家中心单击“我要开店”，选择淘宝开店认证。需要上传之前准备的半身照和手持半身证照片电子版。如图 11.10 所示。

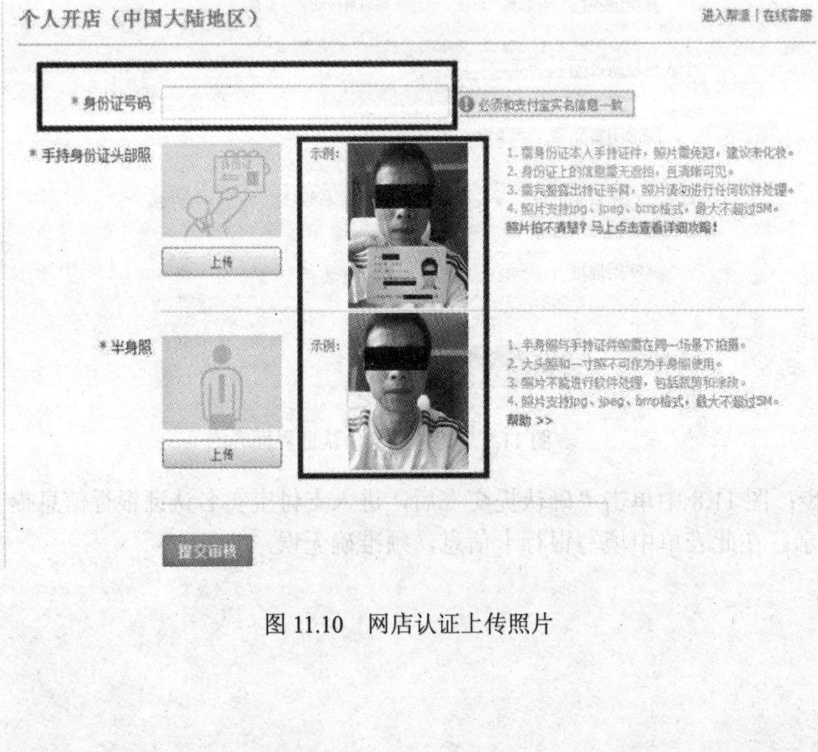

图 11.10 网店认证上传照片

单击“提交审核”，在审核通过后，就完成了所有开店的注册工作，可以在网上开设店铺进行网络销售了。

11.3.2 C2C 模式网络交易平台

C2C 模式是个人对个人交易的营销平台，国内著名的淘宝网，国外著名的易趣网等都是典型的 C2C 电子商务平台，企业可以通过在该类平台上注册开设店铺来进行电子商务经营。如图 11.11 所示为淘宝网首页。

图 11.11 淘宝网首页

C2C 平台最大的特点有如下四点。

1. 成本非常低廉

在不花一分钱的情况下，可以开设一个网店进行网上交易，企业只需要把自己的产品经过组合或是经过精心策划准备后，进入到 C2C 的交易平台，能够在一定时间里达到相当的销量，由于 C2C 交易形式集中性差、散点多，形成大面积整体销量还是有一定的难度。

2. 企业产品品牌传播快

企业只需要把产品的真实照片放到网上，再加一个第三方支付宝进行交易支付，产品信息在一夜之间可以传遍世界各地，将有更多的机会让消费者接触企业产品，使企业在全球范围内有一个免费的宣传平台。

3. 可以省去大量的人力资源

一般传统营销需要大量的市场营销人员，不但难以管理，而且人力资源成本给企业造成相当大的压力，而 C2C 平台一般都是自由职业者或是专业网络营销人员，在不拿企业一分钱工资的情况下完成为企业产品营销全过程，无疑给企业卸下了一个不小的包袱。

4. 节省了大量的物流费用

企业在进行营销中，最大的一块成本就是物流运输费用，但 C2C 网上交易除了到网店所在地的物流费用由企业支付外，其他物流费用均有消费者自己或是网上经营者支付。

除了这四个特点外，企业在利用平台时，更需要注意如下一些策略的运用。

1. 要讲信用

网上交易没有信用就没有交易，信用是 C2C 平台交易的第一要求，卖家应该宁愿自己吃亏，也不能因为信用问题而造成平台信誉的损失。

2. 认真经营

平台建立后不是产品一放到网上就万事大吉，而是需要去认真地经营。要大力地发展有实力的网商，凡是达到网商级别的网店，基本上都拥有其网系下上万个铁杆客户，有的甚至达到三四万个客户，这样的目标客户市场企业有时想都不敢想。

3. 整体策划

产品在 C2C 上经营，一定要有一套完美的产品推广方案。这样可以让网店人员用最快的速度全面认识并努力为企业出力推广，争取做到 C2C 网上热销产品，如“柠檬绿茶”的化妆品系列，“天使在人间”的营养品系列，为一些中小企业在网上打响多个品牌。

11.3.3 B2C 模式网络交易平台

B2C 模式就是企业对个人之间的一种交易方式，阿里巴巴的天猫商城就是典型的 B2C 代表。一般产品品系多的企业，在 C2C 平台交易不能满足其发展需要时，最好建立自己的 B2C 电子商务营销的专业平台。所谓专业，就是企业自己办的商务性平台，有着自己的专业人员，有着自己的服务体系，有着自己的直接物流体系，更有着相当稳定性的专业网上营销队伍。如图 11.12 所示为天猫首页。

图 11.12　天猫首页

B2C 平台好处有如下三点。

首先，企业自己的网络营销人员，可以随时随地通过企业的专业人员进行产品培训与专业技巧培训，避免了与消费者在进行交易时出现服务人员没有经过培训，对产品的专业知识了解很少的专业“真空”现象。

其次，企业在平台营销时，可以根据整个营销形势进行调整，什么时候搞促销最合适，什么时候组织消费者进行活动更有利，等等，对消费者消费空间有了可控性的把握，目标性更强，产品的销售体系也就更加完善。更重要的是企业可能通过客户信息进行全面的调查研究，企业从信息中可以找到更多有价值的东西，让科研人员以最快的速度研发新的产品，通过专业平台投入市场，再介入 C2C 体系，其有效营销力更准、更高、更准确。

再次，B2C 最大的资源是给企业带来了一个强大的消费者数据库，只要能够从心理学去研究消费者的购买心理，操作到位，就可以促进企业与消费者之间的信任感，使消费者成为企业的真正的消费忠诚者。如各个银行的信用卡部，每个月会寄给许多客户购物的资料，但信用卡持有人并不觉得烦人，反而觉得自己有面子、有素养、有尊严，这说明研究者抓住了消费者消费的心理。

但 B2C 也存在着一些问题，如建立一个 B2C 网站需要投入不少的资金，一般小企业不一定能够解决。但是只要企业有这样的信心，还是可以通过各种方法，运用很少的钱来完成 B2C 交易平台的全面建立。还有就是企业产品的质量必须是过关的，要是投诉量大，那么就是建立再好的 B2C 平台也是会失败的。更可怕的是服务体系跟不上，整个管理滞后，造成消费者对企业失去信心，等等，如果企业不关注这些问题，企业 B2C 平台永远都是建立不起来的。

11.3.4 B2B 模式交易平台

B2B 模式是贸易对贸易、批发商对零售商之间的一种交易。阿里巴巴内贸网、外贸网就是典型的 B2B 交易平台。如图 11.13 所示为阿里巴巴外贸网首页。

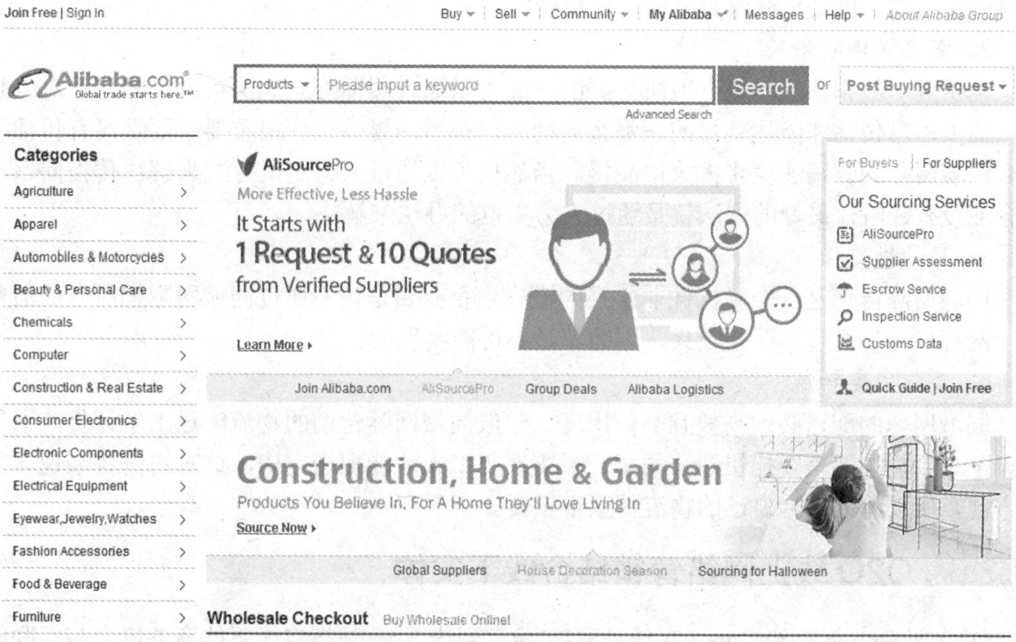

图 11.13　阿里巴巴外贸网首页

（1）B2B 最大的特点就是交流、沟通，因为贸易与批发一般不会是几块钱或是几百元的生意，动不动少辄上万元，多辄几百万元或是千万元。需要时间和精力进行不断的谈判与交流、沟通与了解。

（2）入驻 B2B 交易平台，企业必须培养一批训练有素、谈判有节、沟通无阻的专业人员，通过网络、通信、面对面等各种沟通渠道，想方设法达成交易，这类似于企业的招商部，企业要重点进行扶持，让营销人员人人成为 B2B 的谈判专家。

11.3.5 同城网际营销平台

同城网际模式就是在同一个城市进行网络销售。许多人对同城网际营销还是相当陌生，但从 2007 年开始，同城网际营销开始在全国逐步发展起来，最早发展的是快餐业，后来发展到各个行业。

由于许多地域性特点很强的产品，在 C2C 平台上进行交易，会受到限制，如白酒销售、饮料销售等。于是有些营销创意者开辟了同城网际营销，使产品在同一个城市针对目标群进行针对性地销售，其传播速度快，效果非常明显。后来，有些从事 C2C 网络营销的专业人员，把一些 C2C 上的产品拿下来，进行精心打造，重新进行网络规划，发现同城网际销售更加具有刺激性。

可以肯定的是，在今后的市场发展中，同城网际营销将成为市场的一种主流，必须得到企业的重视。建立同城网际交易平台需要做以下四个方面准备。

1. 建立网络沟通渠道

针对目标消费者的特点，设计一个可以即时交流的平台方式，有企业自建 Web 网站形式，或用微信、QQ 等即时通信形式，企业自己的 CRM 平台、电话计算机一体交流等方式，只有一个目的，就是让交流更方便、更快捷。

2. 需要媒体的介入

消费者一般都不会知道有他所想要的产品可以通过网际方式购买得到。要想让对方知道，需要信息传播才能达到目的，那么借助当地有力的媒体宣传很重要，要是没有传播，那么同城网际的营销速度将大大地减慢。当然也可以通过人力定位方式来解决传播问题，当企业没有钱时，最好的方法就是通过人力定位的办法来解决。

3. 目的性更强

同城网际营销是一个目标性非常强的模式，企业要是认为通过同城网际把所有的消费者一网打尽，那么趁早还是收兵，因为那是不可能实现的。

4. 高信用度物流

同城网际的配送必须高效且高信用度，一般同城网际营销的物流配送上午订货，下午物流配送到位，要是委托快递公司，一般需要第二天才能配送完毕，这对消费者来说非常不方便，所以建立一套自己的物流体系很重要。

11.3.6 O2O 线上网络营销结合线下实体

O2O 即 Online To Offline（在线到离线/线上到线下），是指将线下的商务机会与互联网结合，让互联网成为线下交易的前台，这个概念最早来源于美国。O2O 的概念非常广泛，只要产业链中既可涉及线上，又可涉及线下，就可通称为 O2O。

对于传统企业来说，开展 O2O 模式的电子商务，主要有以下三种方式。

（1）自建官方商城+连锁分店铺的形式，消费者直接向门店的网络店铺下单购买，然后线下体验服务。而这个过程中，品牌商提供在线客服，并随时调货支持；加盟商收款发货，适合全国连锁型企业。好处是可以线上和线下店铺一一对应。缺点是投入大，推广力度很大。

（2）借助全国布局的第三方平台，实现加盟企业和分站系统完美结合，并且借助第三方平台的巨大流量，能迅速推广带来客户。

（3）建设网上商城，开展各种促销和预付款的形式，线上销售线下服务，这种形式适合本地化服务企业。

11.4 实训任务

11.4.1 实训任务1：网络营销货源选择

假设要在淘宝上开店进行网络销售，请各位同学思考确定网络销售的商品，需确定商品名称及其特征（包括运输、储存、线上线下销售情况）、面向的市场人群及其特征、商品的价格定位、商品的货源、同类商品的竞争情况、其他商品信息。

11.4.2 实训任务2：网络销售平台对比分析

请各位同学登录淘宝、京东商城、苏宁易购三家电子商务网站，熟悉他们的主要业务、功能，对比分析三家电子商务网站的电子商务模式、经营方式、优缺点，并填写表11.1。

表11.1 电子商务网站对比分析表

	淘 宝	京东商城	苏宁易购
电子商务模式			
经营方式			
优点			
缺点			

第 12 章

网络支付与物流

12.1 网络支付概述

讲述网络营销，必须提到网络支付，因为当前的网络营销工作中，货款支付、资金来往大部分都是通过网络支付的手段实现的。网络支付是指电子交易的当事人，包括消费者、厂商和金融机构使用安全电子支付手段通过网络进行的货币支付或资金流转。主要包括有电子货币类、电子信用卡类、电子支票类。相对于传统支付，网络支付具备以下特征。

12.1.1 数字化

网络支付是采用先进的技术通过数字流转来完成信息传输的，其各种款项支付都是采用数字化的方式进行的；而传统的支付方式则是通过现金的流转、票据的转让及银行的汇兑等物理实体的流转来完成款项支付的。

12.1.2 互联网平台

网络支付的工作环境是基于互联网；而传统支付则是在较为封闭的系统中运作。

12.1.3 通信手段

网络支付使用的是最先进的通信手段，如互联网、Extranet，而传统支付使用的则是传统的通信媒介。网络支付对软、硬件设施的要求很高，一般要求有联网的微机、相关的软件及其他一些配套设施，而传统支付则没有这么高的要求。

12.1.4 经济优势

网络支付具有方便、快捷、高效、经济的优势。用户只要拥有一台上网的 PC，便可足不出户，在很短的时间内完成整个支付过程。支付费用仅相当于传统支付的几十分之一，甚至几百分之一。网络支付可以完全突破时间和空间的限制，可以满足 24/7（每周 7 天，每天 24 小时）的工作模式，其效率之高是传统支付望尘莫及的。

12.2 主流的网络支付

那么网络营销中究竟有哪些支付手段可以使用呢？目前网络上主流的支付手段有以下

几种方式。

12.2.1 网上银行支付概述

网上银行支付是银联最为成熟的在线支付功能之一，也是网民在线支付的首选方式，是国内电子商务企业提供在线交易服务不可或缺的功能之一。接受网银支付的平台必须实现在银行开通相应的网银支付功能，而买方在网银支付时完全是在银行网银页面输入银行卡信息并验证支付密码，具有稳定易用，安全可靠的特点。目前可以支持国内 20 多家银行的借记卡和信用卡。

消费者要使用网上银行业务须事先申请开通网银功能，银行会分配一个移动数字证书给用户，用于身份验证和确保交易的安全。移动数字证书每个银行叫法不同，工行叫 U 盾，农行叫 K 宝，建行叫网银盾，光大银行叫阳光网盾。工行 U 盾移动数字证书如图 12.1 所示。

图 12.1　工行网银 U 盾

网银支付操作非常简便，网银用户将移动数字证书插入操作计算机的 USB 接口，在电子商务平台中提交订单并选择网上银行支付，进入银行页面，并按提示操作便可完成付款。

12.2.2 工行网银支付操作步骤

下面以工商银行网银界面转账汇款业务为例简单介绍网银支付流程。

第一步，用户插入工行 USB Key 打开网银界面，如图 12.2 所示，输入网银账号及密码登录。

第二步，在登录进入主界面后，如图 12.3 所示，用户可以看到自己的网银下挂着的银行卡账号，以及余额明细。界面菜单中包含了转账汇款、网上贷款、银医服务、养老金、社会保险、工行理财、网上基金、网上债券、网上期货、网上保险等丰富的在线网银业务。

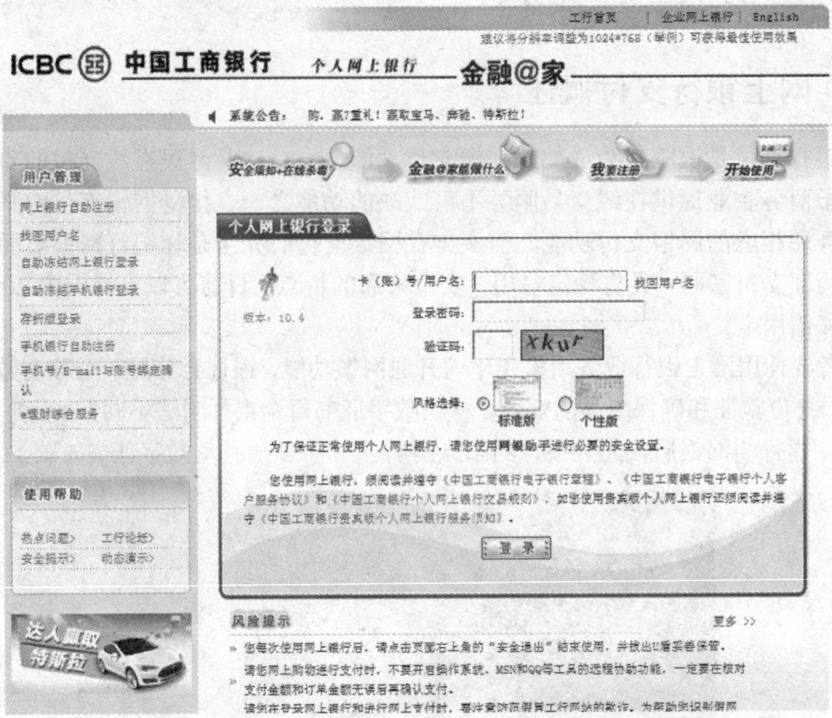

图 12.2　工行网银登录界面

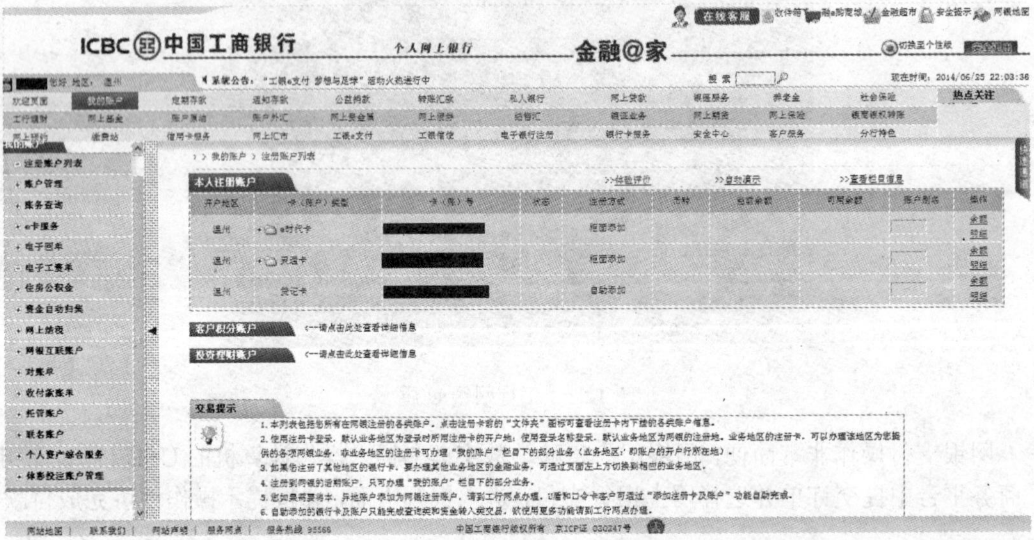

图 12.3　工行网银主界面

第三步，单击菜单栏“转账汇款”，在新对话框中单击“工行转账汇款”，进入具体转账汇款信息界面，如图 12.4 所示。

第四步，按照提示输入收款人姓名、账号，输入汇款金额。并在付款卡选择栏中选择自己将要支出款项的银行卡号，单击“提交”按钮。根据系统提示要求输入相应支付密码，并对工行 U 盾进行相应的确认操作即可完成交易。

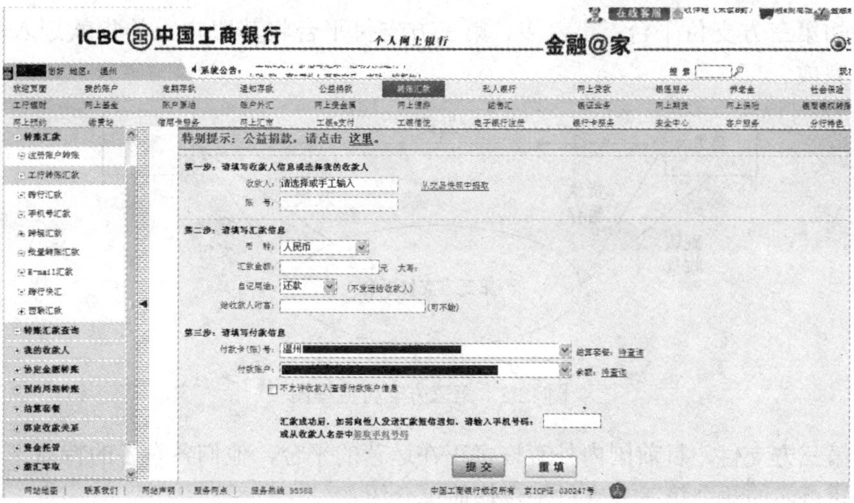

图 12.4　工行网银转账界面

12.2.3 国内各大网上银行

各大网上银行的界面操作方式大同小异，下面列出 10 个银行的网上银行网站地址。

（1）工商银行：http://www.icbc.com.cn

（2）农业银行：http://www.95599.cn

（3）建设银行：http://www.ccb.cn

（4）上海浦东发展银行：http://www.spdb.com

（5）深圳发展银行：http://www.sdb.com.cn

（6）交通银行：http://www.bankcomm.com

（7）光大银行：http://www.cebbank.com

（8）兴业银行：http://www.cib.com.cn

（9）民生银行：http://www.cmbc.com.cn

（10）广东发展银行：http://www.gdb.com.cn

12.2.4 第三方支付概述

所谓第三方支付，就是一些和产品所在国家以及国外各大银行签约、并具备一定实力和信誉保障的第三方独立机构提供的交易支付平台。其操作原理在于在通过第三方支付平台的交易中，买方选购商品后，使用第三方平台提供的账户进行货款支付，由第三方通知卖家货款到达、进行发货；买方检验物品后，就可以通知付款给卖家，第三方再将款项转至卖家账户，第三方支付具体流程如图 12.5 所示。

以 B2C 交易为例，第三方支付步骤如下。

第一步，客户在电子商务网站上选购商品，最后决定购买，买卖双方在网上达成交易意向；第二步，客户选择利用第三方支付平台作为交易中介，客户用信用卡将货款划到第三方账户；第三步，第三方支付平台将客户已经付款的消息通知商家，并要求商家在规定时间内发货；第四步，商家收到通知后按照订单发货；第五步，客户收到货物并验证后通知第三方支付平台；第六步，第三方支付平台将其账户上的货款划入商家账户中，交易完成。

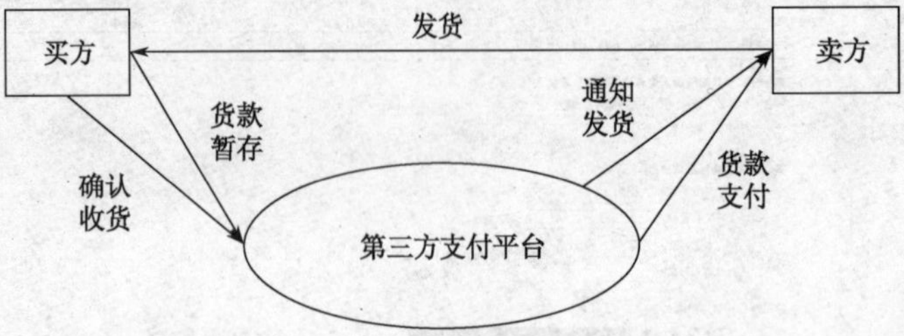

图 12.5　第三方支付流程图

对于第三方支付，目前国内外有许多正在运营的平台，他们各有各的特点。下面就当前国内比较著名的几个第三方支付平台作简单介绍。

12.2.5　支付宝

支付宝（www.alipay.com）成立于 2004 年 12 月，主要提供支付及理财服务。包括网购担保交易、网络支付、转账、信用卡还款、手机充值、水电燃气缴费、个人理财等多个领域。在进入移动支付领域后，为零售百货、电影院线、连锁超市和出租车等多个行业提供服务。支付宝还推出了余额宝等理财服务。

支付宝与国内外 180 多家银行以及 VISA、Master Card 国际组织等机构建立战略合作关系，成为金融机构在电子支付领域最为信任的合作伙伴。2011 年，支付宝获得了由中国人民银行颁发的国内第一张《支付业务许可证》，支付宝公司上级主管部门为中国人民银行。

1. 账户注册

支付宝账户分为个人和公司两种类型，账户类型是不能修改的，注册时要根据自己的需要慎重选择账户类型。公司类型的支付宝账户一定要有公司银行账户与之匹配。个人支付宝账户可分为手机注册和邮箱注册，公司类型账户只能通过邮箱注册。下面简要介绍公司类型账户注册的步骤。

（1）打开 www.alipay.com，进入支付宝注册登录界面，如图 12.6 所示。单击“免费注册”。

图 12.6　支付宝注册登录界面

（2）单击“企业账户”，进入注册界面，如图 12.7 所示。填入电子邮箱和验证码，单击“下一步”按钮。

图 12.7　进入注册界面

（3）在如图 12.8 所示的邮箱验证界面单击“立即查收邮件”按钮，进入邮箱。

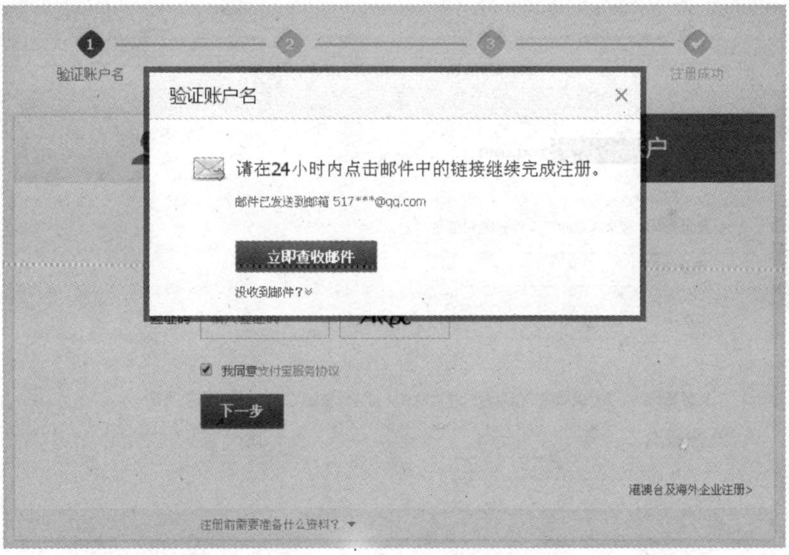

图 12.8　邮箱验证界面

（4）在邮箱中会收到一封激活支付宝账户的邮件，如图 12.9 所示，单击“请激活您的支付宝账户”。

图 12.9　邮箱界面

（5）进入如图 12.10 所示的“继续注册”界面，单击“继续注册”。

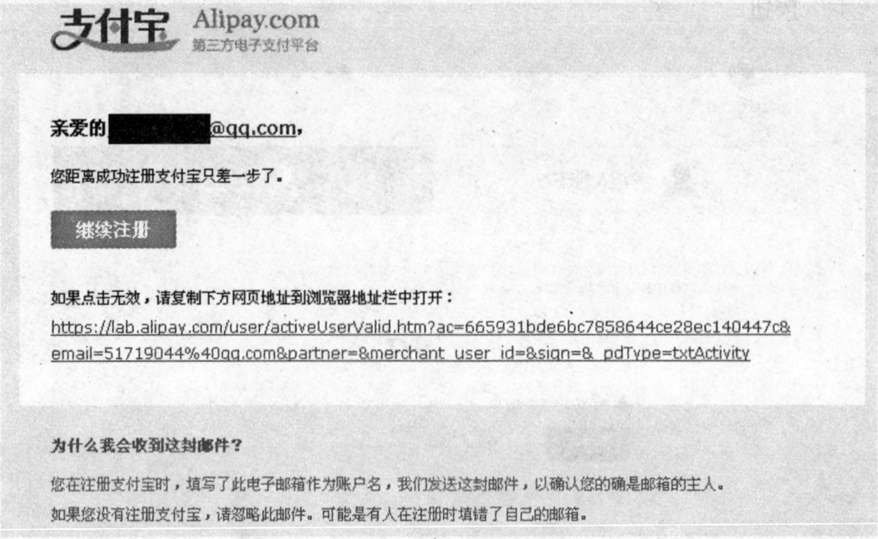

图 12.10　继续注册界面

（6）进入“用户信息填写”界面，如图 12.11 所示。按提示填写好相关信息后，单击“下一步”按钮。

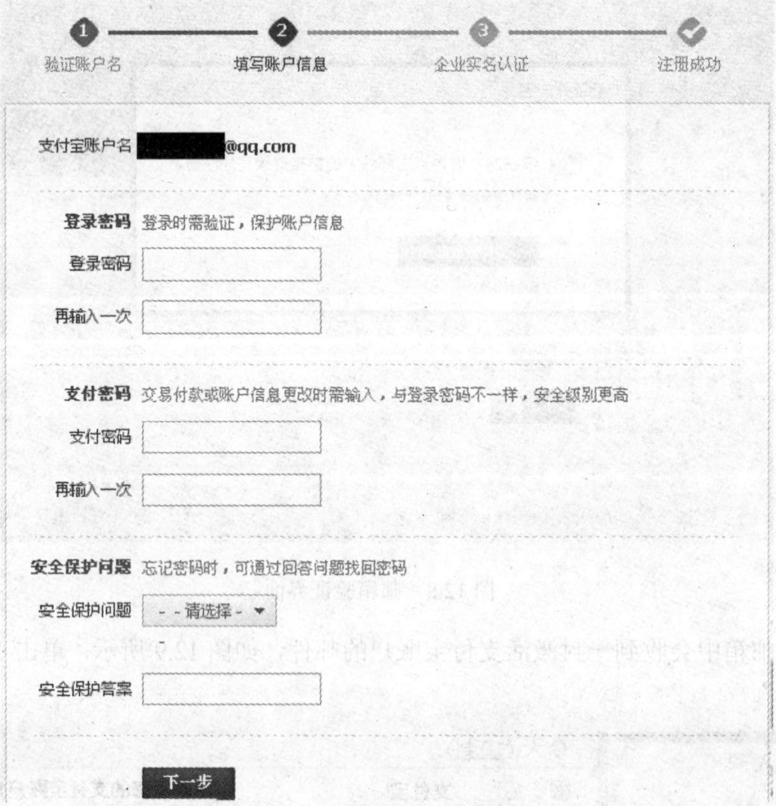

图 12.11　用户信息填写

（7）到这一步说明支付宝账户已经注册成功，可以登录支付宝账户，进行网上购物的操作。但申请公司类型的支付宝账户，须进行支付宝实名认证，在图 12.12 所示的商家实名认证界面上，单击“立即申请”按钮，按照提示提供相关证明材料审核通过即可。

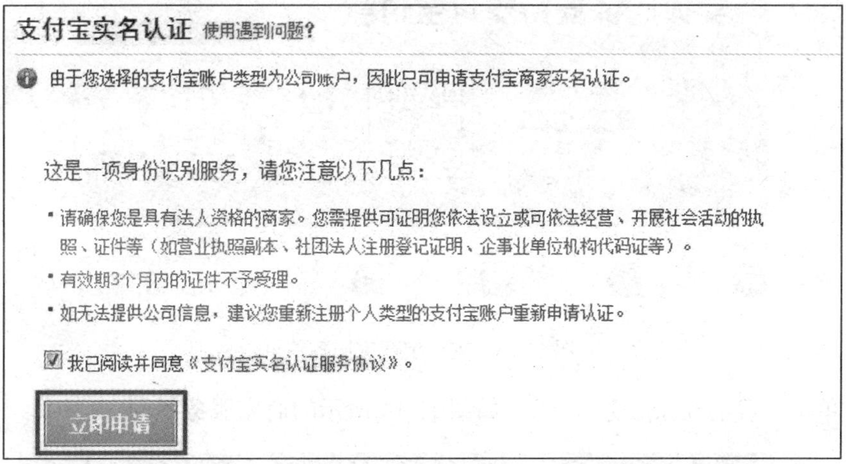

图 12.12　商家实名认证界面

2. 开通商家在线支付功能

在成功注册支付宝账户后，如何才能在自己网站上建立支付宝支付接口呢？下面介绍支付宝支付接口的设置。支付宝商家服务分为商家收款产品、无线产品、商家付款产品、增值服务、平台商产品五类。

商家收款产品是应用于互联网交易的基础产品，包含担保交易、COD 货到付款、网银支付、即时到账收款、双功能收款五项服务；无线产品应用于手机客户端支付，包括快捷支付（无线）、手机网站支付、扫码即时到账收款、扫码担保交易收款；商家付款产品应用于商家间结算货款，支付交易费用，包括支付宝站内大额收付款、批量付款到支付宝账户；增值服务为商家提供便利、增加销量的各类服务，包括数据罗盘、集分宝批量自助发、快捷登录；平台商产品是专为交易平台所提供的收款方案，包括平台商担保交易收款、平台商即时到账收款、平台商双功能收款。

本书重点介绍担保交易收款。担保交易收款是淘宝买家最熟悉的付款方式，买家先将交易资金存入支付宝并通知卖家发货，买家确认收货后资金自动进入卖家支付宝账户，完成交易。

担保交易收款申请条件如下。

（1）申请者必须有已建设完成的网站（非淘宝网店），且经营的商品或服务内容明确、完整。

（2）申请前必须拥有支付宝账号，且通过支付宝实名认证审核。

（3）确保提交的材料真实合法，申请提交后支付宝将会进行商户资料的资质审核。

资费套餐：担保交易收款资费分为单笔阶梯费率、600 套餐、1800 套餐、3600 套餐，申请者可参看支付宝相关具体说明进行选择。

担保交易收款申请步骤如下。

（1）登录支付宝商家服务界面，如图 12.13 所示。

图 12.13　支付宝商家服务首页

（2）单击“我的商家服务”，进入如图 12.14 所示的商家服务界面。

图 12.14　商家服务界面

（3）单击“担保交易收款”，进入担保交易收款界面，如图 12.15 所示。

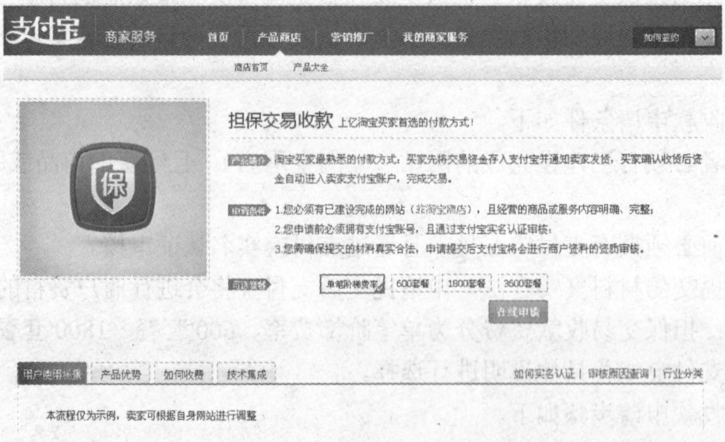

图 12.15　支付商家担保交易收款

（4）单击“在线申请”，进入支付宝商家担保交易收款服务信息提交界面，如图 12.16 所示。

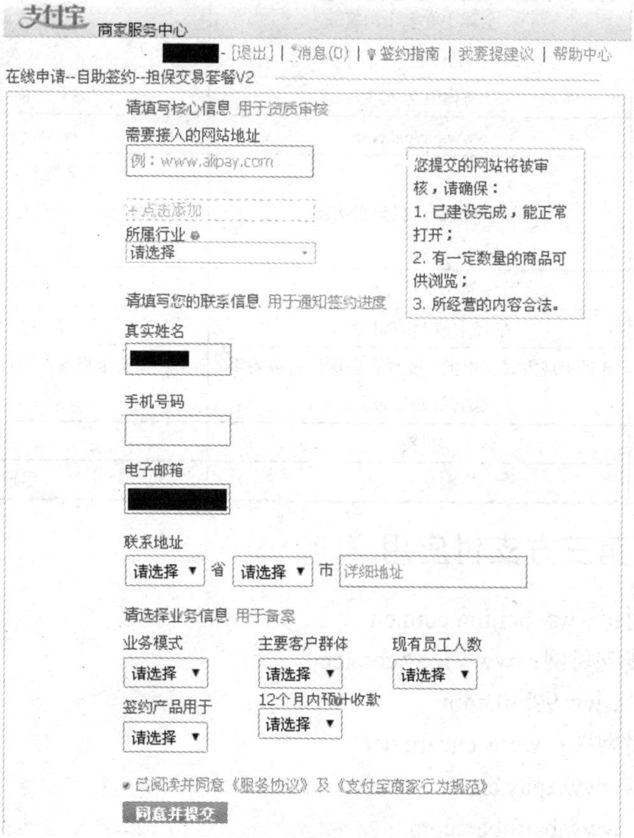

图 12.16　支付宝担保支付商家信息提交

（5）按界面提示进行信息输入，并单击“同意并提交”按钮提交相关资料，完成申请。

（6）在成功提交担保交易收款申请后，需要通过技术开发才能在网站上使用，可在担保交易收款界面上单击相应按钮下载集成开发包；也可以咨询支付宝在线技术客服。

12.2.6　PayPal 与 PayPal 贝宝支付

“PayPal 贝宝国际（以下简称 PayPal）”和“PayPal 贝宝”是 PayPal 公司提供面向不同用户群的两种账户类型。PayPal 快速、安全而又方便，是跨国交易的理想解决方案。

PayPal 账户，就是通常说的“PayPal 贝宝国际”账户，针对具有国际收付款需求用户设计的账户类型，是面向具有国际收支需要的用户类型。它是目前全球使用最为广泛的网上交易工具。它能进行便捷的外贸收款、提现与交易跟踪；从事安全的国际采购与消费；快捷支付并接收包括美元、加元、欧元、英镑、澳元和日元等 23 种国际主要流通货币。

PayPal 贝宝账户，则是 PayPal 专为我国用户推出的本土化产品。产品面向拥有人民币单币种业务需求的企业与个人，帮助用户在贝宝账户和银行账户之间进行人民币转账。目前，PayPal 贝宝为用户提供全免费的业务服务。

PayPal 与 PayPal 贝宝具体区别见表 12.1。

表 12.1 PayPal 与 PayPal 贝宝具体区别

	PayPal	PayPal 贝宝
覆盖区域	全球 190 多个国家	仅限中国
币种	23 种国际主要流通币种	仅限人民币
语言	简体中文/英文	简体中文
网站地址	www.paypal.com	www.paypal.com.cn
认证	信用卡或国内借记卡认证	个人账户——身份证认证 企业账户——企业登记材料与联系人身份信息共同认证
充值	暂不支持充值	网上银行充值
付款	信用卡或 PayPal 余额	借记卡或贝宝余额
提现	4 种提现方式（电汇、支票、美国银行或香港银行账户提现）	借记卡提现，覆盖国内 15 家主流银行
费用	付费	免费
交易保护	完整交易保护	尽最大努力

12.2.7 其他第三方支付应用

（1）首信支付：www.beijing.com.cn

（2）中国在线支付网：www.ipay.com.cn

（3）快钱网：www.99bill.com

（4）云网支付网关：www.cncard.net

（5）易付通：www.xpay.cn

（6）百付宝：www.baifubao.com

（7）汇付天下：www.chinapnr.com

（8）易宝：www.yeepay.com

（9）财付通：www.tenpay.com

12.3 物流

12.3.1 物流概述

物流是为了满足客户的需要，以最低的成本，通过运输、保管、配送等方式，实现原材料、半成品、成品及相关信息由商品的产地到商品的消费地所进行的计划、实施和管理的全过程。从物流活动的范围可划分为水路、公路、铁路、管道运输物流等；从物流的行业划分，可分为生产、批发、零售、邮政物流等；按照物流活动的性质划分，可分为专业物流、综合物流、内贸物流和外贸物流；从物流活动的地域划分，可分为国内、国际、沿海、内地物流等。

物流包含了包装、搬运与卸载、运输、储存、流通与加工、配送等主要环节。

1. 包装

包装的功能是为了维持产品状态、方便储运、促进销售。

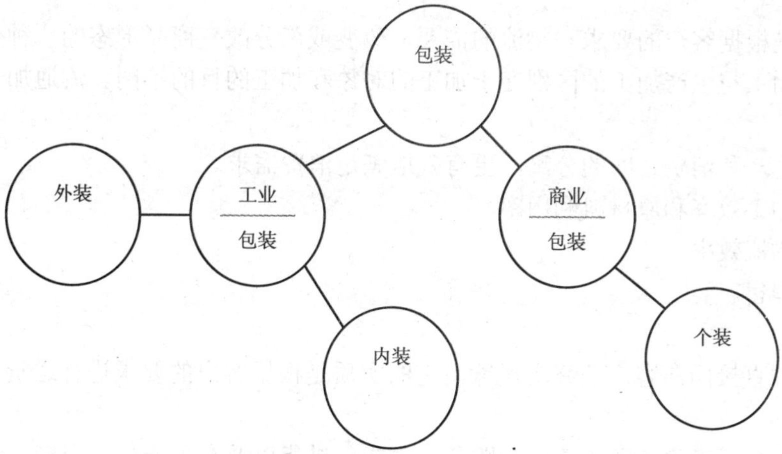

图 12.17　包装分类结构图

包装环节从外到内分为外装、内装、个装。包装分类结构图如图 12.17 所示。外装是为了方便储运，采取必要的缓冲、固定、防潮、防水等措施，是对产品的保护状态；内装是把一个或数个个装集中于一个中间容器的保护状态；个装是到达使用者手中的最小单位包装，是对产品的直接保护状态。外装和内装属于工业包装，个装属于商业包装。

2. 装卸搬运功能

装卸搬运功能是指在同一地域范围内，改变货物存放状态和空间位置的作业活动。装卸搬运的功能主要表现在以下四个方面。

（1）装卸搬运支持和连接着其他物流活动。

（2）装卸搬运的速度影响着物流的速度。

（3）装卸搬运质量直接关系物流质量。

（4）装卸搬运关系整个物流费用。

3. 运输

运输功能是借助运输工具，通过一定的线路，实现货物空间移动，克服生产和需要的空间分离，创造空间效用的活动。运输主要包括以下四个作用。

（1）运输就是改变空间存在的主要手段。

（2）运输网络的发展决定着流通的范围及规模。

（3）运输决定着物流的时间和速度。

（4）运输费用关系整个物流费用。

4. 储存

物流的储存，就是在保证商品的质量和数量的前提下，根据一定的管理规则，在一定的时间将商品存放在一定场所的活动。储存包含以下四个的作用。

（1）调节生产和消费之间的时间差异。

（2）储存保管质量决定着库存物资的质量。

（3）储存是联结各个物流环节的纽带。

（4）储存是流通活动的“调节阀”。

5. 流通加工

流通加工是根据客户的要求和物流的需要，改变或部分改变商品形态的一种生产性加工活动。流通加工与生产加工的区别在于加工的对象和加工的目的不同。流通加工具备以下四个的作用。

（1）克服生产和消费之间的分离，更有效地满足消费需求。

（2）提高加工效率和原材料利用率。

（3）提高物流效率。

（4）促进销售。

6. 配送

配送是一种直接面向客户的终端运输，它的实质是根据客户的要求进行送货。它包括以下五项内容。

（1）备货。包括筹集货源、订货或购货、集货、进货以及有关验货、交接、结算等。

（2）储存。分为储备和暂存两种形式。

（3）配货。是按照不同客户的要求，对货物进行分拣、分类、匹配的作业。

（4）配装。是按照车辆有效负荷进行搭配装载。

（5）送货。是把货物送达客户指定的场所，主要使用汽车运输工具。

12.3.2 电子商务物流

电子商务物流即以计算机网络技术进行物流运作与管理，实现企业间物流资源共享和优化配置的物流方式。电子商务物流的概念是伴随电子商务技术和社会需求的发展而出现的，它是电子商务真正的经济价值实现不可或缺的重要组成部分。电子商务物流打破原有工业的传统体系，发展建立以电子商务商品代理和配送为主要特征，物流、商流、信息流有机结合的社会化物流配送体系。

电子商务时代给全球物流带来了新的发展，使电子商务物流具备了一系列新特点。

1. 信息化

信息化是一切的基础，没有物流的信息化，任何先进的技术设备都不可能应用于物流领域。物流信息化表现为物流信息的商品化、物流信息收集的数据库化和代码化、物流信息处理的电子化和计算机化、物流信息传递的标准化和实时化、物流信息存储的数字化等。因此，条码技术、数据库技术、电子订货系统（Electronic Ordering System，EOS）、电子数据交换（Electronic Data Interchange，EDI）、快速反应（Quick Response，QR）及有效的客户反应（Effective Customer Response，ECR）、企业资源计划（Enterprise Resource Planning，ERP）等技术与观念在我国的物流领域将会得到普遍的应用。

2. 自动化

自动化的基础是信息化，自动化的核心是机电一体化，自动化的外在表现是无人化，自动化的效果是省力化。另外，自动化还可以扩大物流作业能力，提高劳动生产率，减少物流作业的差错等。物流自动化的设施非常多，如条码/语音/射频自动识别系统、自动分拣系统、自动存取系统、自动导向车、货物自动跟踪系统等。

3. 网络化

物流领域网络化的基础也是信息化，是电子商务物流活动主要特征之一。一方面物流的网络化指的是物流配送系统的计算机信息系统，包括物流配送中心与供应商或制造商的联系要通过计算机网络，另外与下游顾客之间的联系也要通过计算机网络通信；另一方面，物流的网络化是指组织的网络化，即所谓的企业内部网。比如，计算机业在 20 世纪 90 年代创造出了“全球运筹式产销模式”，这种模式的基本点是按照客户订单组织生产，生产采取分散形式，即将全世界的计算机资源都利用起来，采取外包的形式将一台计算机的所有零部件、元器件、芯片外包给世界各地的制造商去生产，然后通过全球的物流网络将这些零部件、元器件和芯片发往同一个物流配送中心进行组装，由该物流配送中心将组装的计算机迅速发给订户。这一过程也需要有高效的物流网络支持。

12.3.3 电子商务物流运营的模式

1. 企业自营物流

企业自身经营物流，称为自营物流，当前的电子商务巨头京东商城就是采用这种模式以确保京东商城高质量的售后服务。企业自营物流模式中电子商务企业自行组建物流配送系统，经营管理企业的整个物流运作过程。

自营物流的优点在于，选用自营物流可以使企业对物流环节有较强的控制能力，易于与其他环节密切配合，全力专门地服务于该企业的运营管理，使企业的供应链更好地保持协调、简洁与稳定。此外，自营物流能够保证供货的准确和及时，保证顾客服务的质量，维护了企业和顾客间的长期关系。

自营物流缺点在于，投入巨大，成本收回时间较长，且需要占用大量的流动资金，不利于企业资金链优化。建成后对规模的要求很高，大规模才能降低成本，否则将长期不盈利。另外，自营物流需要较强的物流管理能力，建成之后需要工作人员具有专业化的物流管理能力。

目前采取自营模式的电子商务企业主要有两类：一类是资金实力雄厚且业务规模较大电子商务公司，如亚马逊、凡客诚品、京东商城、凡客、当当网等；另一类是传统的大型制造企业或批发企业经营的电子商务网站，如海尔、苏宁易购、国美电器，由于其自身在长期的传统商务中已经建立起初具规模的营销网络和物流配送体系，在开展电子商务时，只须将其加以改进、完善，就可满足电子商务条件下对物流配送的要求。

2. 第三方物流

第三方物流（Third-Party Logistics，简称 3PL 或 TPL）是指独立于买卖之外的专业化物流公司，长期以合同或契约的形式承接供应链上相邻组织委托的部分或全部物流功能，因地制宜地为特定企业提供个性化的全方位物流解决方案，实现特定企业的产品或劳务快捷地向市场移动，在信息共享的基础上，实现优势互补，从而降低物流成本，提高经济效益。它是由相对“第一方”发货人和“第二方”收货人而言的第三方专业企业来承担企业物流活动的一种物流形态。国内著名的第三方物流公司有中国远洋物流有限公司、中邮物流有限责任公司、中远国际货运有限公司、招商局物流集团有限公司以及四通一顺快递公司等。

第三方物流公司通过与第一方或第二方的合作来提供其专业化的物流服务，它不拥有商品，不参与商品买卖，而是为顾客提供以合同为约束、以结盟为基础的、系列化、个性化、信息化的物流代理服务。第三方物流企业一般都是具有一定规模的物流设施设备（库房、站台、车辆等）及专业经验、技能的批发、储运或其他物流业务经营企业。

企业采用第三方物流模式对于提高企业经营效率具有重要作用。首先，企业将自己的非核心业务外包给从事该业务的专业公司去做；其次，第三方物流企业作为专门从事物流工作的企业，有丰富的专门从事物流运作的专家，有利于确保企业的专业化生产，降低费用，提高企业的物流水平。

3. 第四方物流

第四方物流主要是指由咨询公司提供的物流咨询服务。第四方物流公司应物流公司的要求为其提供物流系统的分析和诊断，或提供物流系统优化和设计方案等。所以第四方物流公司以其知识、智力、信息和经验为资本，为物流客户提供一整套的物流系统咨询服务。由于当前对于大学生电子商务创业来说，接触第四方物流公司很少，所以本书不作详尽介绍。

4. 物流联盟

物流联盟是制造业、销售企业、物流企业基于正式的相互协议而建立的一种物流合作关系，参加联盟的企业汇集、交换或统一物流资源以谋取共同利益，同时合作企业仍保持各自的独立性。物流联盟企业间只是在物流方面通过契约形成优势互补、要素双向或多向流动的中间组织。联盟是动态的，只要合同结束，双方又变成追求自身利益最大化的单独个体。

企业在选择物流联盟伙伴时，要注意物流服务提供商的种类及其经营策略。一般可以根据物流企业服务的范围大小和物流功能的整合程度这两个标准，确定物流企业的类型。物流服务的范围主要是指业务服务区域的广度、运送方式的多样性、保管和流通加工等附加服务的广度；物流功能的整合程度是指企业自身所拥有的提供物流服务所必要的物流功能的多少，必要的物流功能是指包括基本的运输功能在内的经营管理、集配、配送、流通加工、信息、企划、战术、战略等各种功能。

5. 物流一体化

物流一体化是指以物流系统为核心，由生产企业、物流企业、销售企业、直至消费者的供应链整体化和系统化。它是在第三方物流的基础上发展起来的新的物流模式。20 世纪 90 年代，西方发达国家如美、法、德等国提出物流一体化现代理论，并应用和指导其物流业发展，取得了明显效果。在这种模式下物流企业通过与生产企业建立广泛的代理或买断关系，使产品在有效的供应链内迅速移动，使参与各方的企业都能获益，使整个社会获得明显的经济效益。

在电子商务时代，这是一种比较完整意义上的物流配送模式，它是物流业发展的高级和成熟的阶段。电子商务物流一体化分为物流自身一体化、微观物流一体化和宏观物流一体化三个层次。

（1）物流自身一体化是指物流系统的观念逐渐确立，运输、仓储和其他物流要素趋向完备，子系统协调运作，系统化发展。

（2）微观物流一体化是指市场主体企业将物流提高到企业战略的地位，并且出现了以物流战略作为纽带的企业联盟。

（3）宏观物流一体化是指物流业发展到这样的水平，物流业占到国家国民总产值的一定比例，处于社会经济生活的主导地位，它使跨国公司从内部职能专业化和国际分工程度的提高中获得规模经济效益。

12.3.4 快递公司

快递是兼有邮递功能的门对门物流活动，即指快递公司通过铁路，公路和空运等交通工具，对客户货物进行快速投递。在很多方面，快递要优于邮政的邮递服务。除了较快送达目的地及必须签收外，现时很多快递业者均提供邮件追踪功能、送递时间的承诺及其他按客户需要提供的服务。

快递公司可以不同的规模运作，小至服务特定市镇，大至区域、全国甚至是全球服务。国内主要的快递公司包括顺丰速运、中通快递、申通快递、圆通快递、韵达快递、宅急送等。全球性速递公司有被称为全球快递行业的四大家族的敦豪航空货运公司、联合包裹服务公司、联邦速递、TNT。随着中国邮政速递物流有限公司的成立，以及接下来的上市，邮政速递有望跻身全球速递行业排名前 10 位的行列。

1. 快递公司和物流公司的区别

（1）服务对象不同。快递公司主要是给个人服务的，而物流公司主要为企业服务。如有一份文件要从北京寄到上海，要找的是像顺丰等快递公司，而不是找一家物流公司。

（2）物品重量不同。快递公司主要运送的是 50kg 以下的货物，如衣服、文件、水果、生活用品、少批量的电子产品等，主要是小物件。物流公司主要运送大型货物，如大型机械、大件设备、数量大的产品。

（3）物品数量不同。对于数量多的产品肯定是找物流公司要划算得多。假设要寄一部手机去外地，可以找快递公司，如果是一批手机的话，那就要找物流公司了。如果一次性快递几百部手机，货物的安全、包括费用都是问题。

（4）运输方式不同。快递公司都是由各个网点的快递员上门发货送货的，而物流公司基本上都是专线运输，或者拼箱运输、零担运输等。物流公司大多都是在一个固定地点，除非是大型连锁物流企业，否则都是只能运输当地的货物，即从本地往外地发货。

（5）价格不同。快递公司都是快递员用电动车、摩托车等进行收货、发货的；而物流公司都是整车货物的运送，最多有拼箱运输、但是也是大型货物。

（6）到货时间不同。快递公司是全国联网的，基本上货物都是批量运输，而物流公司不同，除非是一次性的一车货物，不然物流公司比快递公司要慢一些。快递公司的货物是空运的，而物流公司大多是陆运，在时间上，肯定没有快递公司快。

2. 国内外著名快递公司简介

目前国内著名的快递公司有顺丰快递、邮政快递、中通快递、圆通快递、申通快递、韵达快递、宅急送。下面就以上公司优缺点分别进行简要介绍。

（1）顺丰快递。

顺丰快递，不是加盟形式的，它是由总部统一管理的企业，所以各地的服务水准都保持基本统一。它是业内公认的服务好、态度好、监督机制好、快递速度快、效率最高的公司。缺点是很多稍微偏远的地方还没有设网点，费用比其他公司稍高，但速度跟质量可以保证。

（2）中国邮政 EMS。

邮政 EMS 的优点很明显，它是国有控股企业，依托强大的全国交通系统，网点多，几乎通达全国（包括乡村）；且价格不贵、服务最好、运营规范、实力有保证。邮政 EMS 运货的车辆在某些地方可能会受到特殊照顾。邮政 EMS 通达全球，如果做跨境电子商务可以考虑。

EMS 唯一的不足，就是快递不到乡村，需要自提。

（3）韵达快递。

韵达优点就是网点多、价格便宜。韵达的缺点在于它是加盟制公司，服务质量一般，不如顺丰、EMS，有时发件也易损坏，但是只要包装时候多注意，坏的概率也不是很大。中小卖家都会选择便宜又好用的快递来发货，所以韵达比较多的被中小网络商家采用。

（4）中通速递。

中通速递服务网点近 700 个，运输、派送车达 1500 多辆，但是物流出身的他们目前在快递方面，跟其他大哥相比，还有明显不足，这从很多地区的发货速度就能看出。但是，依托成熟的物流体系，相信中通在快递方面的发展，值得各位店家期待。

（5）圆通速递。

圆通快递成立得比较早，是加盟形式的，各地服务水准可能有差别，但圆通在行业内起步早、经验丰富、网点也比较多。

（6）申通速递。

申通快递成立于 1993 年，是一家以经营快递为主的国内合资（民营）企业。优点在于失货率低；采用航空运输，速度快；网点比较多，收货、取货都是上门服务；价格相对便宜。缺点在于服务态度一般，有部分地区不能送达，货物在运送途中常有损坏。

（7）宅急送。

它是国内最大的民营快递公司，网点 500 多个，但大部分是合作网点，自己的点估计有 100 个左右。优点在于速度和 EMS 差不多，有些区域速度还要快。缺点在于很多点是加盟的，各地区服务质量参差不齐。

3. 快递公司合作注意事项

（1）阅读运单背书条款后再填写运单。

运单及背书是消费者与快递公司之间签订的运输合同。由于没有快递行业合同法律规范或者司法解释，各地法院大多适用《经济合同法》。但即使均依据《经济合同法》条款进行判决，各法院的判决结果也不尽相同。因此，消费者在寄递前一定要看清楚关于保险、赔偿、免责等条款。如果是每天快件量较大的客户，建议与快递公司另外签订保护自身合法利益的快递合同。

对于填写运单，要把寄件人与收件人的联系电话、收件人地址填写准确，否则可能会给派送造成麻烦，或在退回快件时找不到寄件人地址和寄件人。

（2）贵重物品要购买保险。

一般价值 2000 元以上的物品，如手机、手表、计算机、照相机、首饰、高档服装、艺术品等建议要购买保险。并在保险货物名称的栏目内正确地填写物品名称、保险金额、价值，避免理赔时产生纠纷。同时申报价值也需如实填写。有些快递运输保险是有免陪额的，如申报的保险额是 6000 元，但实际可能只赔 5600 元，其中有 400 元是免赔额。因此，一定要向快递公司咨询清楚，必要时要求其提供书面的说明。

保险费率一般为 0.1%～1%之间，如果保险费率过高，建议与其他快递公司的价格和保险费比较后再作权衡。

（3）交接快件签名与保存运单。

将快件交给快递业务员时，除自己在运单签名外，还应要求其必须签名，签名应与佩戴的胸牌一致。这是具有法律意义的交接。运单除了是运输合同外，还是寄递快件的凭证，在送达寄件人之前千万不要丢弃。

（4）先验货，后签收。

对于包裹类快件，在接收时仔细查看外包装，看是否有拆开、污染、破损等痕迹。根据《快递服务标准》，快递公司有义务让收件人开箱验货后再签收。如果有的快递公司不执行此项标准，可以选择拒绝签收；如果急需该物品，而快递公司拒不接受开箱验货，可以在运单上标注“未开箱验收货物内容”之类的说明。对于电子商务的网购商品，可以与卖家约定开箱验货的条款并要求卖家写在运单上。如果开箱验货后出现短缺、破损等情况，可以采取退回或让快递业务员写书面材料证明、拍照，并立即打电话通知商家或快递公司客服人员，记下客服人员、快递业务员的姓名或编号。

12.4 实训

12.4.1 实训任务 1：网银、支付宝业务开通

请各位同学选择一家银行开通一个属于自己的网银账户；请每位同学开通一个属于自己的支付宝账户，并开通个人实名认证。

12.4.2 实训任务 2：快递公司比较分析

请各位同学登录顺丰、EMS、韵达、宅急送四家不同的快递物流公司官网，对各家公司提供的主要服务标准和收费标准进行比较分析，填写表 12.2。

表 12.2 快递公司比较分析表

	顺丰	EMS	韵达	宅急送
主要服务				
收费标准				
优点				
缺点				

第 13 章

互联网技术基础

13.1 互联网宽带接入

从网络营销角度看，互联网宽带接入分为用户端接入和服务端接入。用户端，即家庭个人用户、网吧用户或单位集体用户要接入互联网，可选择网络接入服务商（简称 ISP）提供的各类接入业务接入互联网；服务端接入则可以选择自建机房专线接入 ISP 网络或者服务器托管接入两种形式。下面就以上两个方面介绍接入互联网的各类技术概念。

13.1.1 用户端接入互联网

目前国内用户端接入互联网的主要方式有无线宽带接入、有线电视铜缆接入、光纤宽带接入、ADSL 宽带接入、窄带接入等。其中最为主流的就是电信为首的各大运营商推出的各类无线宽带接入、有线电视铜缆接入、光纤宽带接入方式，由于 ADSL 宽带接入和窄带接入已经逐渐淘汰，这里不作详尽介绍。

1. 无线宽带接入

无线宽带接入指的是通过用户手机、平板电脑、笔记本等移动设备的无线网卡或者支持 3G/4G 通信制式的扩展设备以无线的方式接入互联网。目前国内比较流行的是 3G 接入模式。

3G 即第三代移动通信技术（3rd-Generation，），是指支持高速数据传输的蜂窝移动通信技术。相对与 2G，3G 传输速率一般在每秒几百至几兆比特之间。国内目前 3G 存在四种标准：电信 CDMA2000、联通 WCDMA、移动 TD-SCDMA、WiMAX。虽然接入标准不同，但对于网络营销消费者是透明的，唯一区别在于数据的传输速度。

2. 光纤宽带接入

通过光纤专线直接到户或者光纤接入到小区节点或楼道，再由网线连接到户，提供一定区域的高速互联网接入。特点是速率高、抗干扰能力强，适用于家庭、个人或各类企事业团体。

3. 有线电视铜缆接入

有线电视铜缆接入，即 HFC（Cable Modem）是一种基于有线电视网络铜缆资源的接入方式。具有专线上网的连接特点，允许用户通过有线电视网实现高速接入互联网。适用于拥有有线电视网的家庭、个人或中小团体。特点是速率较高，接入方式方便（通过有线电缆传输数据，不需要布线）。缺点是当用户激增时，速率就会下降且不稳定。

13.1.2 服务端接入互联网

作为网络营销平台的承载，服务端接入一般采取速率更高、更加稳定的宽带光纤专线的形式接入，在业务层面可分为自建机房接入互联网专线和服务器托管接入两种方式。

1. 自建机房接入互联网专线

指的是企业自建服务器机房，提供稳定的温度、湿度、硬件线路维护管理以及其他专业机房标准。采用互联网接入服务商提供的互联网接入专线直接接入互联网。

互联网专线接入业务是指互联网接入服务商（ISP）为客户提供各种速率的专用链路（主要提供传输速率为 2MB/s 及以上速率），直接连接 IP 骨干网络，实现方便快捷的高速互联网上网服务。按照客户需求可提供 10MB/s、50MB/s、100MB/s、155MB/s、1000MB/s 等不同的接入速度。

2. 服务器托管接入

服务器托管是指服务器及相关设备托管到具有完善机房设施、高品质网络环境、丰富带宽资源和运营经验，以及可对用户的网络和设备进行实时监控的专业网络数据中心内，以此使系统达到安全、可靠、稳定、高效运行的目的。托管的服务器由客户自己进行维护，或者由其他的授权人进行远程维护。即由用户自行购买服务器设备放到当地电信、联通或其他 ISP 运营商的 IDC 机房。托管机房可为服务器提供 10MB/s、100MB/s、1000MB/s 速率的共享或独享接入服务。

13.2 IP 地址与域名

13.2.1 IP 地址

IP 是英文 Internet Protocol 的缩写，意思是“网络之间互连的协议”，也就是为计算机网络相互连接进行通信而设计的协议。在互联网中，它是能使连接到网上的所有计算机网络实现相互通信的一套规则，规定了计算机在互联网上进行通信时应当遵守的规则。任何厂家生产的计算机系统，只要遵守 IP 协议就可以与互联网互连互通。正是因为有了 IP 协议，互联网才得以迅速发展成为世界上最大的、开放的计算机通信网络。因此，IP 协议也可以叫做“互联网协议”。

Internet 上的每台主机都有一个唯一的 IP 地址。IP 协议就是使用这个地址在主机之间传递信息，这是 Internet 能够运行的基础。IP 地址的长度为 32 位，分为 4 段，每段 8 位，用十进制数字表示，每段数字范围为 0～255，段与段之间用句点隔开。如 159.226.1.1。

IP 地址由两部分组成，一部分为网络地址，另一部分为主机地址。IP 地址分为 A、B、C、D、E 5 类。常用的是 B 和 C 两类。

IP 地址就像是家庭住址一样，如果要写信给一个人，就要知道他（她）的地址，这样邮递员才能把信送到。计算机发送信息就好比是邮递员，它必须知道唯一的“家庭地址”才不至于把信送错人家。只不过家庭的地址使用文字来表示的，计算机的地址用二进制数字表示，这个地址就是“IP 地址”。IP 地址被分成了网络号和主机号两部分，网络号就好比街道名，而主机号就好比门牌号。网络号的位数直接决定了可以分配的网络数；主机号的位数则决定了网络中最大的主机数。IP 地址空间划分成不同的类别，每一类具有不同的网络号位数和主机号位数。

13.2.2 域名

域名（Domain Name），是由一串用点分隔的名字组成的 Internet 上某一台计算机或计算机组的名称，用于在数据传输时标识计算机的电子方位（有时也指地理位置），便于他人识别和检索某一企业、组织或个人的信息资源，从而更好地实现网络上的资源共享。域名是一个 IP 地址上的“面具”。一个域名的作用是便于记忆和沟通的一组服务器的地址（网站、电子邮件、FTP 等）。

以一个常见的域名为例说明，baidu 网址是由二部分组成，标号“baidu”是这个域名的主体，而最后的标号“.com”则是该域名的后缀，代表的这是一个 com 国际域名顶级域名。而前面的 www.是网络名，为 WWW 的域名。

域名由各国文字的特定字符集、英文字母、数字及连字符（-）组成，最长可达 67 个字符，也不区分大小写字母。标号中除连字符（-）外不能使用其他的标点符号。级别最低的域名写在最左边，而级别最高的域名写在最右边。由多个标号组成的完整域名总共不超过 255 个字符。

域名可分为不同级别，包括顶级域名、二级域名等。

顶级域名又分为两类：一是国家顶级域名，例如中国是.cn，美国是.us，日本是.jp 等；二是国际顶级域名，如.com 表示工商企业，.net 表示网络提供商，.org 表示非盈利组织等。

二级域名是指顶级域名之下的域名，在国际顶级域名下，一般是指域名注册人或公司的网上名称，如 ibm.com、yahoo.com、microsoft.com 等；在国家顶级域名下，它是表示注册企业类别的符号如 edu.cn、gov.cn 等。

三级域名用字母（ A～Z、a～z、大小写等）、数字（0～9）和连接符（-）组成，各级域名之间用实点（.）连接，如 wzu.edu.cn。三级域名的长度不能超过 20 个字符。如无特殊原因，建议采用申请人的英文名（或者缩写）或者汉语拼音名 （或者缩写） 作为三级域名，以保持域名的清晰性和简洁性。

13.2.3 域名解析

IP 地址标示着网络上的某台服务器，而域名是如何对应指向到服务器的呢，用一个专业术语就叫“域名解析”。域名和网址并不是一回事，域名注册好之后，只说明对这个域名拥有了使用权，如果不进行域名解析，那么这个域名就不能发挥它的作用，经过解析的域名可以用来作为电子邮箱的后缀，也可以用来作为网址访问自己的网站，因此域名投入使用的必备环节是“域名解析”。

域名解析是把域名指向网站服务器空间 IP，让人们通过注册的域名可以方便地访问到网站的一种服务。说得简单点就是将好记的域名解析成 IP，该域名解析工作由 DNS 服务器完成。其服务器端设置工作步骤如下。

① 把域名解析到一个 IP 地址。

② 然后在此 IP 地址的 Web 服务器上将一个子目录与域名绑定。

一个域名对应一个 IP 地址，一个 IP 地址可以对应多个域名，所以多个域名可以同时被解析到一个 IP 地址。以 88dxc.com 为例，首先在域名注册商那里通过专门的 DNS 服务器解析到一个 Web 服务器的一个固定 IP211.214.1.101 上，然后，通过 Web 服务器来接收这个域名，把 88dxc.com 这个域名映射到这台服务器上。那么，当在浏览器地址栏输入 88dxc.com 这个域名，就可以实现访问网站内容了，即实现了域名解析的全过程。

域名解析过程见图 13.1 所示的域名解析图。

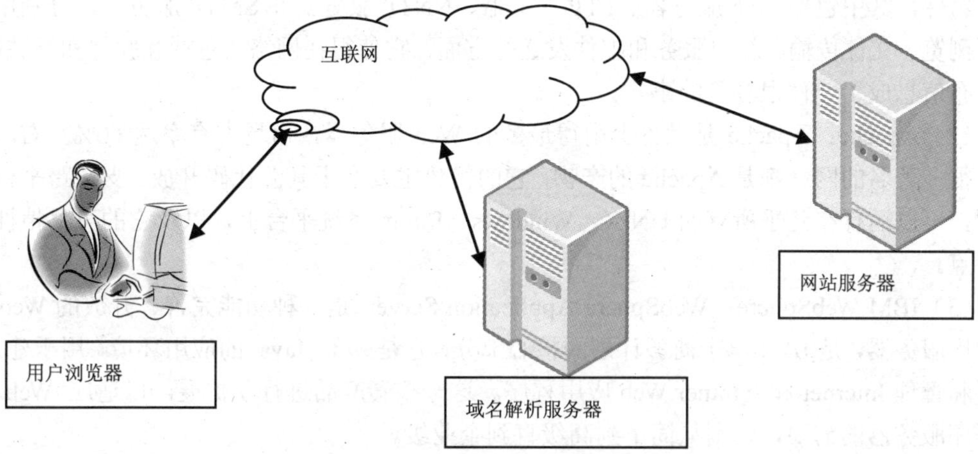

图 13.1　域名解析图

如图 13.1 所示，当用户在浏览器地址栏输入要访问网站的域名时，浏览器自动与域名解析服务器连接，并向其发送域名；域名解析服务器根据浏览器发送的域名到域名解析列表中查找相对应的 IP 地址反馈给浏览器；浏览器获得该 IP 地址后通过 IP 协议在互联网中搜寻到相应的网站服务器，并向网站服务器提出具体的浏览要求。

13.3　Web 服务器空间

13.3.1　Web 服务器概念

Web 服务器是指驻留于互联网上某种类型计算机的程序，也称为 WWW（World Wide Web）服务器，主要功能是提供网上信息浏览服务。当 Web 浏览器（客户端）连到服务器上并请求文件时，服务器将处理该请求并将文件发送到该浏览器上，附带的信息会告诉浏览器如何查看该文件（即文件类型）。服务器使用 HTTP（超文本传输协议）进行信息交流，这就是人们常把它们称为 HTTP 服务器的原因。

Web 服务器不仅能够存储信息，还能在用户通过 Web 浏览器提供的信息的基础上运行脚本和程序。

13.3.2　大型 Web 服务器

在 UNIX 和 Linux 平台下使用最广泛的免费 HTTP 服务器是 Apache 服务器，而 Windows 平台 NT/2000/2003 使用 IIS 的 Web 服务器。在选择使用 Web 服务器时应考虑的本身特性因素有：性能、安全性、日志和统计、虚拟主机、代理服务器、缓冲服务和集成应用程序等，下面介绍几种常用的 Web 服务器。

（1）Microsoft IIS：Microsoft 的 Web 服务器产品为 Internet Information Server （IIS），IIS 是允许在公共 Intranet 或 Internet 上发布信息的 Web 服务器。IIS 是目前最流行的 Web 服务器产品之一，很多著名的网站都是建立在 IIS 的平台上。IIS 提供了一个图形界面的管理工具，称为 Internet 服务管理器，可用于监视配置和控制 Internet 服务。IIS 是一种 Web 服务组件，其中包括 Web 服务器、FTP 服务器、NNTP 服务器和 SMTP 服务器，分别用于网页浏览、文件传输、新闻服务和邮件发送等方面，它使得在网络（包括互联网和局域网）上发布信息成了一件很容易的事。

（2）Apache：Apache 是世界上用得最多的 Web 服务器，市场占有率达 60%左右。世界上很多著名的网站都是 Apache 的产物，它的优势主要在于其源代码开放、支持跨平台的应用，可以运行在几乎所有的 UNIX、Windows、Linux 系统平台上，以及它的可移植性强等特点。

（3）IBM WebSphere：WebSphere Application Server 是一种功能完善、开放的 Web 应用程序服务器，是 IBM 电子商务计划的核心部分，它是基于 Java 的应用环境，用于建立、部署和管理 Internet 和 Intranet Web 应用程序。这一整套产品进行了扩展，以适应 Web 应用程序服务器的需要，范围从简单到高级直到企业级。

（4）BEA WebLogic：BEA WebLogic Server 是一种多功能、基于标准的 Web 应用服务器，为企业构建自己的应用提供了坚实的基础。各种应用开发、部署所有关键性的任务，无论是集成各种系统和数据库，还是提交服务、跨 Internet 协作，起始点都是 BEA WebLogic Server。由于它具有全面的功能、对开放标准的遵从性、多层架构、支持基于组件的开发，基于 Internet 的企业都选择它来开发、部署最佳的应用。BEA WebLogic Server 在使应用服务器成为企业应用架构的基础方面处于领先地位。BEA WebLogic Server 为构建集成化的企业级应用提供了稳固的基础，它们以 Internet 的容量和速度，在连网的企业之间共享信息、提交服务，实现协作自动化。

（5）Tomcat：Tomcat 是一个开放源代码、运行 Servlet 和 JSP Web 应用软件的基于 Java 的 Web 服务器。Tomcat Server 是根据 Servlet 和 JSP 规范进行执行的，是 Java Servlet 2.2 和 JavaServer Pages 1.1 技术的标准实现，基于 Apache 许可证下开发的自由软件，在 Java 支持方面比绝大多数商业应用软件服务器要好。随着 Tomcat 新版的性能得到提升，使得它成为一个值得考虑的 Servlet/JSP 服务器，因此目前许多 Java 环境开发的 Web 服务器都是采用 Tomcat。

13.3.3 服务器空间

服务器空间就是存放网站内容的空间，有时候在没有特别指明的情况下，也称其为虚拟主机空间。网站空间可以由自己买台服务器来做，但费用太高，这一般都是大公司或大型网站才会这样做，购买一个普通服务器要几万元，高性能的服务器要几十万、几百万甚至几千万元，也要 24 小时开机，并配备专人负责。通常企业做网站都不会自己架服务器，而是选择以虚拟主机空间做为放置网站内容的网站空间。具体的网站空间主要有以下几种形式。

（1）自建主机：这里说的自建主机并不是我们平常提到的利用个人主机和动态 IP 来架设网站的方式，而是购置专业的服务器，并向当地的 Internet 接入商租用价格不菲的专线来建立独立的主机服务器，不仅如此，而且还要给服务器配备专门的管理和维护人员。因为费用昂贵，这种方式适合一些有实力的大中型企业和专门的 ISP。

（2）服务器托管：与自建主机方式不同的是，自己购置服务器之后，将它托付给专门的 Internet 服务商，由他们负责 Internet 接入、服务器硬件管理和维护，只需要按年支付给接入商一定的服务器托管费用就可以了。这种方式费用偏高，适合一些中小型企业和 ISP 使用。

（3）服务器租用：用户无须自己购置主机，可以按照自己的业务需要，向 Internet 服务商提出服务器软、硬件配置要求，然后由服务商配备符合需求的服务器和提供相关的管理和维护服务。相对前两种方式，服务器租用方式的费用有所降低，特别适合中小型企业和一些经济基础比较好的个人使用。

（4）虚拟主机：这是目前最常见的网站空间方式，它采用特殊的硬件技术，把一台 Internet 上的服务器主机分成多个“虚拟”的主机，供多个用户共同使用。每一台虚拟主机都具有独立的域名或 IP 地址。

（5）免费空间：这是网站建设初学者最钟情的一种空间方式，不过因为是免费的，在使用过程中就会受到很多限制，服务质量也无法保证。

13.4 与搜索引擎优化有关的 HTML 标签

超文本标记语言，即 HTML（Hypertext Markup Language），是用于描述网页文档的一种标记语言。其具备简易性、可扩展性、平台无关性等主要特点。HTML 语言具体语法可参考相关网页编辑专业资料，这里只对网络营销相关的标签语法作重点介绍。

<meta>标签

<meta>标签，是 HTML 语言 head 区的一个辅助性标签。在几乎所有的网页里，我们都可以看到 META 标签。根据 HTML 语言标准注释，META 标签是对网站发展非常重要的标签，它可以用于鉴别作者，设定页面格式，标注内容提要和关键词，以及刷新页面，等等。在网络营销中 META 标签更是对搜索引擎蜘蛛爬虫程序的友好提示，对网页在搜索引擎中获得好的排名起到重要作用。

<meta> 标签分两大部分：HTTP-EQUIV 和 NAME 变量。

（1）HTTP-EQUIV 类似于 HTTP 的头部协议，它回应给浏览器一些有用的信息，以帮助正确和精确地显示网页内容。常用的 HTTP-EQUIV 类型有如下 6 种。

① expires（期限）：用于设定网页的到期时间。一旦网页过期，必须到服务器上重新调阅。如：< META HTTP-EQUIV="expires"CONTENT="Wed，26 Feb 1997 08:21:57 GMT">。

② pragma（cache 模式）：禁止浏览器从本地机的缓存中调阅页面内容。如：<META HTTP-EQUIV="pragma" CONTENT="no-cache">，这样设定，访问者将无法脱机浏览。

③ refresh（刷新）：需要定时让网页自动链接到其他网页的话，就用这句了。如：<META HTTP-EQUIV="refresh"CONTENT="5；URL=http://www.yahoo.com"> ，其中的 5 是指停留 5 秒钟后自动刷新到 URL 网址。

④ Set-Cookie（cookie 设定）：如果网页过期，那么存盘的 cookie 将被删除。如：< META HTTP-EQUIV="Set-Cookie"CONTENT="cookie value=×××"expires=Wednesday，21-Oct-98 16:14:21 GMT；path=/">。

⑤ Window-target（显示窗口的设定）：强制页面在当前窗口以独立页面显示，防止别人在框架里调用的页面。如：<META HTTP-EQUIV="Window-target"CONTENT="_top">。

⑥ Content-Type（显示字符集的设定）：设定页面使用的字符集。如：<META http-equiv="Content-Type"content="text/html；charset=gb2312">。

（2）MEAT 标签的 NAME 变量在搜索引擎优化技术中尤为重要。语法格式是：< META NAME="×××" CONTENT="××××××××××××××××××"> ，其中×××主要有下面 4 种参数。

① Keywords（关键词）：keywords 用来告诉搜索引擎网页的关键词是什么。如：< META NAME ="keywords" CONTENT="鲜花，玫瑰，订花，种植， 植物，美丽，礼品，花卉">。

② description（简介）：description 用来告诉搜索引擎网站主要内容。如：< META NAME="description" CONTENT="本网站主要介绍各类花卉，网络出售各类鲜花，提供各类礼品鲜花预订服务">。

③ robots（蜘蛛机器人程序向导）：robots 用来告诉搜索引擎蜘蛛爬虫程序哪些页面需要索引，哪些页面不需要索引。CONTENT 的参数有 all，none，index，noindex，follow，nofollow。默认是 all。如：<META NAME="robots" CONTENT="none">

④ author（作者）：标注网页的作者，如：<META name="AUTHOR" content="ajie，ajie@netease.com"> 。

以上是<meta>标签的一些基本用法，其中最重要的就是 Keywords 和 description 的设定。这两个语句可以让搜索引擎能准确地发现网站，吸引更多的人访问。

13.5 提高网站打开速度的方法

理想的网站打开速度（5 秒内）是潜在客户阅读网站信息，进行业务咨询的前提条件。提高网页打开速度的方法很多，可以从考虑以下几方面的可行性开始。

13.5.1 避免重定向

重定向即为网页的自动跳转。最典型的情况是账户所提交的关键词对应的目标 URL 与潜在客户点击关键词最终打开的 URL 并非完全一致。

以百度贴吧为例，如提交的 URL 为 http://post.baidu.com/，服务器需要自动重新定向到 http://tieba.baidu.com/，这一过程会浪费一定的时间，延缓网页打开速度。因此提交的目标 URL 应和真正打开的 URL 保持一致。另一种情况也较为常见，例如，在某网站注册成功后您可能会看到如下页面提示：“你已经注册成功，3 秒后将自动跳转到某某页面”，对于这种情况，可以将发生重定向的时间间隔更改为零，或删除不必要的重定向。

13.5.2 删减脚本动态页面

脚本动态页面泛指由 Flash 或 JavaScript 构成的、未显示网页内容的页面，无论是从网页打开速度还是用户体验角度看，Flash 页面都是不受用户欢迎的。如果确定要使用 Flash 页面，建议在该页面的显著位置放置明显的跳过按钮，为时间紧张的潜在客户提供进入网站的快速通道。

13.5.3 精简网页元素

可以使用网页另存、浏览器的插件工具来查看网页大小。一般来说，网页本身所占的空间越小，打开速度就会越快。避免使用尺寸较大的 Flash、图片（及图片友情链接）、视频音频等，或尽量以文字来代替以上元素都有助于减少网页大小。

13.5.4 优化网页设计

将网页内容进行合理分块并使用多个表格，尽量使用静态的 HTML 页面（而非 ASP、PHP、JSP 等动态页面），不使用过于复杂的网页背景和导航栏设计，如无特殊需要，不使用过于复杂的 CSS 或 JavaScript 特效，将适当提升网页的打开速度。

13.5.5 合理放置统计代码

如果客户网站启用了计数器以统计网站的访问流量，建议其将统计代码直接放置在页面代码的最下方，这样，如计数器出现故障不能正常访问，不会因而拖延整个网站的打开速度。

13.6 FTP 及远程桌面

13.6.1 FTP 服务

FTP（File Transfer Protocol 文件传输协议）是 Internet 上用来传送文件的协议。它是为了用户能够在 Internet 上互相传送文件而制定的文件传送标准，规定了 Internet 上文件如何传送。也就是说，通过 FTP 协议，就可以跟 Internet 上的 FTP 服务器进行文件的上传（Upload）或下载（Download）等动作。

在 Internet 上有一些网站，它们依照 FTP 协议提供服务，让网友们进行文件的存取，这些网站就是 FTP 服务器。网上的用户要连上 FTP 服务器，就要用到 FTP 的客户端软件。

FTP 服务器基本操作步骤流程如下。

① 获取 FTP 服务器的访问地址、FTP 登录账号及密码。

② 打开 IE，在地址栏里输入“ftp://***.***.***”，注意双斜线前是“ftp”。

③ 在弹出对话框输入用户名和密码，然后 Enter。

④ 浏览器窗口会变成了一个文件夹窗口，可以复制、剪切、粘贴，也可以直接拖拽。

如果用专业的 FTP 客户端软件将更加直观和方便，常用的 FTP 客户程序有 CuteFTP、

Ws_FTP、FTP Explorer 等。FTP 工具经常被许多网站管理员用来进行远程的服务器管理。

13.6.2 远程桌面

远程桌面连接是从 Telnet 发展而来的，通俗地讲就是图形化的 Telnet。远程桌面连接组件是从 Windows 2000 Server 开始由微软公司提供的，在 Windows 2000 Server 中它不是默认安装的。该组件一经推出受到了很多用户的拥护和喜好，所以在 Windows XP 和 Windows 2003 中微软公司将该组件的启用方法进行了改革，用户通过简单的勾选就可以完成在 Windows XP 和 Windows 2003 下远程桌面连接功能的开启。

当某台计算机开启了远程桌面连接功能后，管理员就可以在网络的另一端控制这台计算机了，通过远程桌面功能可以实时地操作这台计算机，在上面安装软件，运行程序，所有的一切都好像是直接在该计算机上操作一样。这就是远程桌面的最大功能，通过该功能，网络管理员可以在家中安全的控制单位的服务器，而且由于该功能是系统内置的，所以比其他第三方远程控制工具使用更方便、更灵活。

一、启动远程桌面连接的方法

微软操作系统发展至今只有以下操作系统可以使用远程桌面功能，他们是 Windows 2000 Server、Windows XP、Windows 2003、Windows Vista 和 Windows 7 这几个系统的开启远程桌面方法各不相同，现介绍如下。

1. Windows 2000 Server

Windows 2000 系统中 Professional 版本是不能开启远程桌面功能让别人访问的，但 Server 版可以开启，不过需要我们安装相应的 Windows 组件，方法如下。第一步：通过任务栏的“开始→设置→控制面板”，选择里头的“添加/删除程序”。第二步：在左边选择“添加/删除 Windows 组件”。第三步：稍后会出现添加删除 Windows 组件窗口，我们从中选择“终端服务”，然后单击“下一步”按钮进行安装。这里要注意的一点是在安装过程中需要我们插入 Windows 2000 Server 系统光盘到光驱中。第四步：安装完毕后需要重新启动计算机，重启后就完成了在 Windows 2000 Server 下的远程桌面连接功能的安装工作。

2. Windows XP

在 XP 和 2003 系统中微软将远程桌面开启的操作进行了简化。第一步：在桌面“我的电脑”上单击鼠标右键，选择“属性”。第二步：在弹出的系统属性窗口中选择“远程”标签。第三步：在远程标签中找到“远程桌面”，在“容许用户连接到这台计算机”前打上√后确定即可，完成 Windows XP 下远程桌面连接功能的启用。

3. Windows 2003

Windows 2003 开启方法和 Windows XP 类似，同样对操作步骤进行了简化，方法如下。第一步：在桌面“我的电脑”上单击鼠标右键，选择“属性”。第二步：在弹出的系统属性窗口中选择“远程”标签。第三步：在远程标签中找到“远程桌面”，在“容许用户连接到这台计算机”前打上√后确定，即可完成 Windows 2003 下远程桌面连接功能的启用。

4. Windows 7

Windows 7 开启方法和 Windows XP 类似，方法如下。第一步：在桌面“计算机”上单击鼠标右键，选择“属性”。第二步：在弹出的系统属性窗口中选择“远程”标签。第三步：在远程标签中找到“远程桌面”，在“允许运行任意版本远程桌面的计算机连接”或“仅允许运行使用网络级别身份认证的远程桌面计算机连接”前打上对勾后确定，即可完成Windows 7 下远程桌面连接功能的启用。

二、远程桌面的连接操作

1. Windows XP、Windows 7 和 Windows 2003 操作系统

这两个系统将远程桌面连接程序内置到附件中，我们不用安装任何程序就可以使用远程桌面连接。第一步：通过任务栏的“开始→程序→附件→通信→远程桌面连接”来启动登录程序（或者命令行运行：mstsc）；第二步：登录界面中的“计算机”处输入开启了远程桌面功能的计算机 IP 地址。第三步：单击“连接”按钮后会出现一个“登录到 Windows”的对话框，这时再输入对方计算机的用户名及密码（如果没有密码，要创建一个密码）单击“确定”，我们就可以成功登录到该计算机上了，连接上去后整个界面和操作自己计算机一样方便快捷。如图 13.2 所示为远程桌面连接界面。

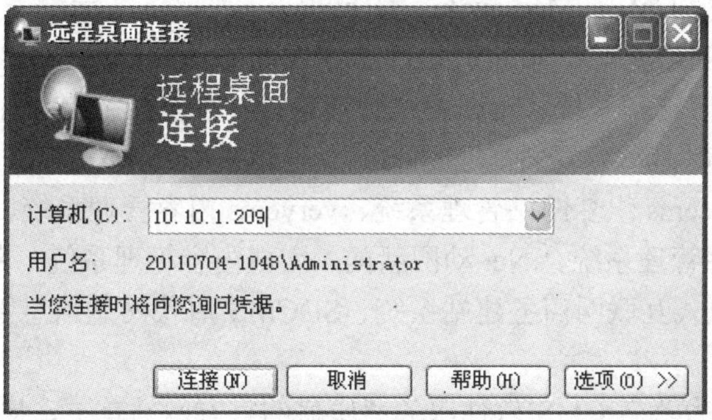

图 13.2　远程桌面连接界面

2. 其他 Windows 操作系统

Windows 2000 及以前的 Windows 系统中没有将登录工具放到附件中，有两个方法获得登录器并实现远程桌面的连接功能。方法一：使用 Windows XP 光盘登录器——msrdpcli。在 Windows XP 系统光盘盘符下\SUPPORT\TOOLS 目录有一个称为 msrdpcli.exe 的程序，该程序实际上是一个远程桌面连接登录器，在 Windows 98/2000 机器上运行 XP 光盘目录下的 msrdpcli.exe。将自动安装远程桌面连接程序。安装过程非常简单，一路单击“下一步”即可。完毕以后通过“开始→程序→附件→通信→远程桌面连接”就可以登录网络开启远程桌面功能的计算机了。方法二：第三方登录器。实际上网络中有很多站点都提供了远程桌面登录器的下载，在 Windows 98 系统或 Windows 2000 系统上下载该登录器，就可以完成登录远程桌面的功能。

13.7 CMS 平台搭建

CMS 即 Content Management System 的英文缩写，称为网站内容管理系统。网站内容管理系统具有许多基于模版的优秀设计，可以加快网站开发的速度和减少开发的成本。简而言之，CMS 就是可以让用户不需要学习复杂的建站技术，不需要学习太多复杂的 HTML 语言，就能够利用 CMS 构建出一个风格统一、功能强大的专业网站。网站内容管理系统其实是一个很广泛的称呼，从一般的博客程序、新闻发布程序，到综合性的网站管理程序都

可以被称为内容管理系统。

作为电子商务引擎，内容管理解决方案必须和电子商务服务器紧密集成，从而形成内容生产、传递以及电子商务端到端系统。一般都包含以下功能：信息创建、修改、删除，自动发布信息，自动排版，跨栏目、跨网站发布，自定义栏目、频道，异地远程信息发布管理，稿件审批，模版设计，工作流定义，扩展功能，用户角色和授权管理，用户行为监控及详细操作记录，关键词连接，站点管理和统计，系统自动备份和删除，图片文件管理，等等。

1. 著名网站内容管理系统

（1）开源门户型 CMS：Xoops、Plone、Joomla!、Zoomla!、逐浪 CMS、Drupal、Zope、CMS Made Simple、MODX、Mambo、PHP Nuke、Wordpress、OpenWBS。

（2）开源博客型 CMS：Word Press。

（3）开源 wiki 型 CMS：Mediawiki、HDwiki。

（4）国内的商业与开源：站长俱乐部新闻发布系统、CmsTop、TurboCMS、Zoomla!逐浪 CMS、动易内容管理系统、帝国网站管理系统、方正翔宇 CMS、TRS 内容管理系统、北方网内容管理系统、国微、齐博、SupeSite、科讯（Kesion）CMS、风讯 CMS、phpcms 网站管理系统、dedecms 织梦网站管理系统、verycms 内容管理系统、渐飞网站管理系统、SiteServer CMS 网站管理系统、.Net 动网新闻、宏博内容管理系统、奇新 CMS 内容管理系统、OpenWBS 开放式互联网商务建站系统、SDCMS 时代网站信息管理系统、PHP168 国微 CMS 系统。

如图 13.3 所示为著名 CMS 软件服务商康盛的官方网站首页，康盛利用 ShopEX 企业级 CMS 软件支持，为企业电子商务运营实现无缝的实施、创新和运营。

图 13.3 ShopEX 官网首页

如图 13.4 所示为使用 ShopEX 快速搭建的行业门户网站案例首页。

图 13.4　CMS 搭建网站案例首页

13.8　实训任务

13.8.1　实训任务 1：域名注册及管理

请各位同学注册购买一个自己喜欢的.com 或者.cn 域名，使用域名代理商分配的管理账户登录域名解析管理系统，熟悉域名映射以及子域名设置等相关管理功能。

13.8.2　实训任务 2：服务器空间选择

假设要建立一个服务于本城市范围内的图片分享网站，预计网站投入运营后日页面刷新量 1 万次，IP 访问量 1 千个，请各位同学根据自己对图片分享网站主流功能的了解，确定服务器空间大小、带宽、CPU 频率、同时在线人数等主要参数，并登录新网或万网选择一款适合网站搭建的云主机商品，并说明原因。

第14章

综合实践项目

14.1 综合实践项目概述

“网络营销实务”是一门知识复合性和实践性很强教材，包含了搜索引擎优化、社区营销等核心技术内容，每项内容都具有强烈的实践性。通过本教材的学习使学生了解和掌握网络营销的方法、技术和活动规律。一方面培养学生能针对推广目标网站分析、策划出一整套网络营销方案，并通过有效的实施和评估使网站的日访问量大幅增加、在主流搜索引擎中的搜索排名显著上升，从而具备电子商务平台运营中网络营销实战的能力；另一方面，培养学生具备沟通能力、团队协作能力、分析问题和解决问题等综合能力。

学生已经通过本书前面章节学习了网络营销所有知识技能。在本章设计一个专门用于融会贯通本书上面章节大部分知识和技能点的“综合实践项目”作为一个能力训练加强环节。

14.2 综合实践项目教学设计

14.2.1 总体思路

本章提出在前面章节学习结束后设计一个依托真实的运营平台“综合实践项目”。将围绕该网站运营工作中对于各类知识和实践的需要进行设计、实施、考核。例如，网站需要实施搜索引擎优化操作，则设计实训内容为针对网站域名做真实优化，并以百度搜索引擎中排名为检验实践效果。从而实现教学内容完全来源于运营中真实项目，师生的每一次操作都直接作用于运营中的电子商务平台；另一方面，网站的真实运营数据作为每一教学单元的完成效果的检验依据。

14.2.2 综合实践项目的选择

选择一个真实运营中的网络营销项目，将其转换为教学项目，尽可能地融合本教材中提到的网络营销知识和技能点，使原本相对分散的知识和技能点得到有效串联，使学生在真实项目工作环境中应用之前所学的显性知识技能，提炼出更加宝贵的隐性经验知识技能，从而培养学生的综合能力和素质。例如，“广州网络花卉市场网——flower.88gz.com”项目贯穿典型B2C电子商务平台从最初的策划、论证、开发到真实运营等不同阶段。该项目集成了B2C商业策划、网站建设、网站运营、网络营销、业绩考评等各类真实运营的工作内容，是一个典型的B2C综合电子商务项目。其中网络营销工作又包含搜索引擎营销、电子邮件营销、社区微博营销等工作环节，正好可以与综合实践项目相关知识点内容相匹配。另一方面，项目团队业绩考核采取的是基于网络第三方平台数据的，如百度关键词搜索排名、页面收录量等。

14.2.3 企业真实工作过程转化成教学环节

针对高职学生的认知特点，将企业真实工作过程转化成如下的教学环节，可参考表14.1企业工作与教学过程对应表进行知识点和能力点的转化。

表 14.1　企业工作与教学过程对应表

序　号	企业工作过程	教学过程
1	领导/客户针对某网站设定营销目标	学生分组分工
		相关知识技能讲授
		实训任务布置
2	团队分析网站结构、主题、技术代码	任务一：分析网站结构、主题、技术代码
3	制定关键词策略	任务二：制定关键词策略
4	设计推广方案（平台选择、推广软文撰写、实施细则）	任务三：设计推广方案（平台选择、推广软文撰写、实施细则）
5	根据策划实施	任务四：根据策划实施
		学生作品中期检查、提出改进意见
		任务五：学生根据意见实施
6	领导收集客户数据、效果评估	任务六：学生收集数据、汇报工作成效
		老师根据学生作品评分

利用表14.1来分析综合实践项目的设计是否覆盖《网络营销实务》之前章节的大部分网络营销知识点和技能点，且将各个知识点与技能点有机地融合与串联，在有限的课时内达到预期的教学目标。

14.3 综合实践项目实训

14.3.1 团队分工

1. 项目目标内容拆分

在网站主域名下设若干个子域名，并将广州网络花卉市场网站的一级分类栏目分别进行子域名映射。例如：在网络花卉市场网主域名 flower.88gz.com 下新设置 8 个子域名，其中子域名 high.flower.88gz.com 映射到网站一级栏目“中高档花卉”。

2. 组建学生团队

将学生按 3 人一个团队分成若干个团队。将其中 1 支团队设为总体管理组，负责网站主域名的推广效果以及其他团队日常工作的质量跟踪与监督。其余团队负责老师分配的子域名推广系列工作任务。

3. 工作任务的分配

将子域名分别分配到各个学生团队，也就是每个学生团队都有了自己所负责推广的网站子栏目。这样对每个学生团队实训考核就变得很清楚，只要考核所负责的子域名推广效果数据就可以了。

14.3.2 实施监控

1. 整体企业化的工作质量监控体系

综合实践项目团队管理流程如图 14.1 所示

图 14.1 综合实践项目团队管理流程

2. 日常工作质量监控过程

课程实施中，学生团队 N 负责整体方向引导、工作质量监控、成效数据分析，老师对团队 N 的学生工作质量进行日常监控。

（1）监控内容如下。

① HTML 代码质量。如是否在 keywords 标签、title 标签中包含了与页面内容相关核心关键词、辅助关键词；img 图片、Flash 插入标签中是否包含了详细的 alt 标签信息等。

② 信息编辑质量。图片、文字是否按照标准尺寸、颜色维护。

（2）将质量监控流程填在工单中，见表 14.2。

表 14.2 质量监控流程工单

团 队 号	负责域名 负责栏目	修 正 意 见
错误内容		
修正内容		遇到问题
修正时间		修正时限
监控员验收签名	负责团队签名	

3. 阶段性监控过程

实训项目实施中，对学生团队进行阶段性的检查、成果展示、讨论，提出修改意见，并指导学生根据修改意见进行下一步实施。

监控内容如下。

① 各团队关键词策划的合理性，核心关键词、辅助关键词、外围关键词的组合是否合理。

② 推广策划的合理性。

③ 策划实施的成效。

14.3.3 评价考核

（1）参照真实项目运营的评估数据标准对学生实训工作进行考核评估，具体考核指标构成如图 14.2 所示。

图 14.2　考核指标结构图

（2）主流网络推广效果评估数据介绍及标准分值设定如图 14.3 所示。

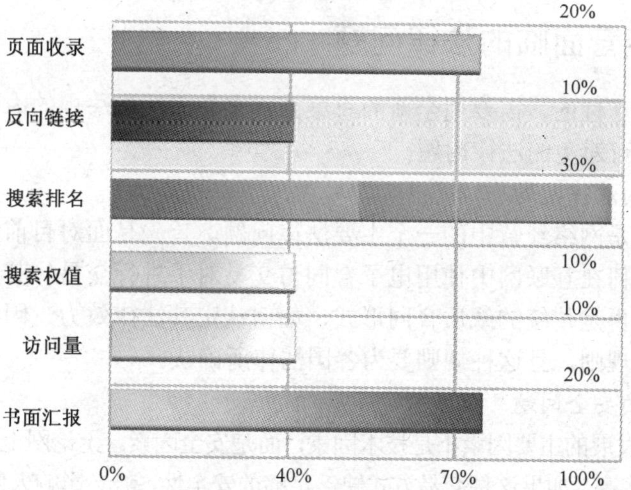

图 14.3　考核指标占比图

附录 A 网络经营相关法律法规

A.1 国内互联网法律法规现状

A.1.1 现状概述

由于电子商务的发展具有一定的超前性，目前许多制度、法律还不能满足电子商务的要求。我国已经颁布（或修正）了诸多有关电子商务和互联网的法律、法规和规章，如《计算机软件保护条例》、《计算机信息系统安全保护条例》、《计算机信息网络国际联网管理暂行规定》、《中国互联网络域名注册暂行管理办法》、《专利法》、《著作权法》、《商标法》等。

此外在《合同法》、《刑法》中，均增加了有关电子商务和互联网的相关条款。2004 年 8 月 28 日《电子签名法》在十届全国人大常委会第十一次会议上表决通过，业界人士纷纷认为这是我国首部“真正意义上的电子商务法律”正式诞生的标志。

A.1.2 网络经营面临的法律问题

网络经营是全球性的，需要用全新的思维方式来考虑法律法规的内容，当前网络经营正面临着一系列不可避免的法律问题。

1. 电子合同的法律问题

电子合同问题是网络经营中的一个主要法律问题。首先是面对目前世界各国并不统一的合同法规定，如何在互联网中使用电子合同与交易对手进行交易。其次是电子合同是电脑中的数据，而不再是传统的纸质合同形式，如何认定其法律效力。因此，必须建立起一套共同遵守的商业规则，且这种规则要为各国法律所确认。

2. 网络交易的安全问题

影响电子商务发展的主要因素不是技术因素，而是安全因素。无论网上的物品有多么丰富，网络交易的效率有多高，如果这种交易方式缺乏足够的安全性，势必影响人们的认可和接受。英国的《数据保护法》，美国的《电子通讯保密法案》以及国际商会规定的《电传交换贸易数据统一行为守则》都是针对数据通信安全的法律规范，对网络交易活动的开展具有重要的法律意义。

3. 网络经营的知识产权保护问题

网络经营不可避免地涉及知识产权问题。在网络环境下，互联网的跨时空性使得跨国性的侵权行为变成了普遍现象，我们突然发现已有的版权制度似乎力不从心，作者无法对自己的作品进行有效的控制。网络经营中涉及到域名、计算机软件、版权、商标等诸多问题，这些问题单纯地依靠加密等技术手段是无法加以充分有效的保护的，必须建立起全面的法律框架，为权利人提供实体和程序上的双重法律保护。

4. 网络经营的税收问题

网络经营的虚拟性、多国性及无纸化特征，使得各国基于属地和属人两种原则建立起来的税收管辖权面临挑战。同时，网络经营方式对传统的纳税主体、客体、纳税环节等税收概念、理论产生巨大冲击。因此，相关税收法律必须进行相应的修改。

A.2 网络经营相关的法律法规

虽然互联网已经成为人们工作生活中非常重要的工具，但是网络经营者们却很少重视对互联网相关的法律法规的解读。这导致互联网经营中经常会发生法律纠纷，甚至在毫无知觉的情况下发生违法犯罪的案件。下面就我国互联网相关的法律法规作一个罗列，具体条款内容读者可自行到网络进行查询。

A.2.1 电子商务类法律法规

1.《中华人民共和国电子签名法》（2004 年 8 月 28 日）
2.《电子支付指引（第一号）》（2005 年 11 月 1 日）
3.《互联网电子邮件服务管理办法》（2006 年 3 月 30 日）
4.《信息网络传播权保护条例》（2006 年 7 月 1 日）
5.《中国互联网络信息中心域名争议解决办法》（2006 年 3 月 17 日）
6.《电子商务模式规范》
7.《网络购物服务规范》
8.《关于网上交易的指导意见》

A.2.2 网络管理类法律法规

1.《中国互联网网络版权自律公约》
2.《关于网络游戏发展和管理的若干意见》
3.《互联网著作权行政保护办法》（2005 年 5 月 30 日）
4.《互联网 IP 地址备案管理办法》（2005 年 3 月 20 日）
5.《非经营性互联网信息服务备案管理办法》（2005 年 3 月 20 日）
6.《最高人民法院、最高人民检察院关于办理利用互联网、移动通讯终端、声讯台制作、复制、出版、贩卖、传播淫秽电子信息刑事案件具体应用法律若干问题的解释》
7.《互联网药品信息服务管理办法》
8.《中国互联网行业自律公约》
9.《互联网站禁止传播淫秽、色情等不良信息自律规范》（2004 年 6 月 10 日）
10.《互联网文化管理暂行规定》（2003 年 7 月 1 日）
11.《互联网等信息网络传播视听节目管理办法》（2003 年 2 月 10 日）
12.《互联网上网服务营业场所管理条例》
13.《互联网出版管理暂行规定》（2002 年 8 月 1 日）

14.《关于开展"网吧"等互联网上网服务营业场所专项治理的通知》(2002 年 6 月 29 日)

15. [地方法规]《北京市网络广告管理暂行办法》(2001 年 4 月 10 日)

16. [地方法规]《北京市互联网站从事登载新闻业务审批及管理工作程序》(2000 年 11 月 10 日)

17. [地方法规]《经营性网站备案登记管理暂行办法实施细则》(北京 2000 年 9 月 1 日)

18. [地方法规]《经营性网站备案登记管理暂行办法》(北京 2000 年 9 月 1 日)

19. [地方法规]《网站名称注册管理暂行办法实施细则》(北京 2000 年 9 月 1 日)

20. [地方法规]《网站名称注册管理暂行办法》(北京 2000 年 9 月 1 日)

21.《最高人民法院关于审理涉及计算机网络著作权纠纷案件适用法律若干问题的解释》(2000 年 11 月 22 日)

22.《药品电子商务试点监督管理办法》(2000 年 6 月 26 日)

23.《互联网药品信息服务管理暂行规定》(2001 年 2 月 1 日)

14.《互联网医疗卫生信息服务管理办法》(2001 年 1 月 8 日)

25.《互联网站从事登载新闻业务管理暂行规定》(2000 年 11 月 7 日)

26.《互联网电子公告服务管理规定》(2000 年 11 月 7 日)

27.《互联网上网服务营业场所管理办法》(2001 年 4 月 3 日)

28.《教育网站和网校暂行管理办法》(2000 年 6 月 29 日)

29.《网上银行业务管理暂行办法》(2001 年 7 月 9 日)

30.《证券公司网上委托业务核准程序》(2000 年 4 月 29 日)

31.《网上证券委托暂行管理办法》(2000 年 3 月 30 日)

32.《关于加强通过信息网络向公众传播广播电影电视类节目管理的通告》(1999 年 10 月)

33.《中国公用计算机互联网国际联网管理办法》(1996 年 4 月 3 日)

34.《中国金桥信息网公众多媒体信息服务管理办法》(1998 年 3 月)

35.《计算机信息网络国际联网出入口信道管理办法》(1996 年 4 月 9 日)

36. [法规]《互联网信息服务管理办法》(2000 年 9 月 25 日)

37. [法规]《中华人民共和国计算机信息网络国际联网管理暂行规定实施办法》(1998 年 3 月 6 日)

38. [法规]《中华人民共和国计算机信息网络国际联网管理暂行规定》(1997 年 5 月 20 日)

39. [法律]《维护互联网安全的决定》(2000 年 12 月 28 日)

A.2.3 域名管理类法律法规

1.《中国互联网络域名管理办法》(2004 年 12 月 20 日)

2.《中国互联网络域名管理办法》(2002 年 8 月 1 日)

3.《最高人民法院关于审理涉及计算机网络域名民事纠纷案件适用法律若干问题的解释》(2001 年 7 月 24 日)

4.《关于审理因域名注册、使用而引起的知识产权民事纠纷案件的若干指导意见》（2000 年 8 月 15 日）

5.《关于互联网中文域名管理的通告》（2000 年 11 月 9 日）

6.《中文域名争议解决办法（试行）》（2000 年 11 月 1 日）

7.《中文域名注册管理办法（试行）》（2000 年 11 月 1 日）

8.《中国互联网络域名注册实施细则》（1997 年 6 月 3 日）

9.《中国互联网络域名注册暂行管理办法》（1997 年 6 月 3 日）

A.2.4 网络安全类法律法规

1.《电子认证服务管理办法》（2005 年 4 月 1 日）

2.《计算机信息网络国际联网保密管理规定》（2000 年 1 月 1 日）

3.《计算机信息网络国际联网安全保护管理办法》（1997 年 12 月 30 日）

4. [法规]《中华人民共和国计算机信息系统安全保护条例》（1994 年 2 月 18 日）

5. [法律]《维护互联网安全的决定》（2000 年 12 月 28 日）

A.3 《互联网新闻信息服务管理规定》

《互联网新闻信息服务管理规定》

中华人民共和国国务院新闻办公室令

中华人民共和国信息产业部　第 37 号

《互联网新闻信息服务管理规定》现予公布，自公布之日起施行。

二〇〇五年九月二十五日

第一章　总则

第一条　为了规范互联网新闻信息服务，满足公众对互联网新闻信息的需求，维护国家安全和公共利益，保护互联网新闻信息服务单位的合法权益，促进互联网新闻信息服务健康、有序发展，制定本规定。

第二条　在中华人民共和国境内从事互联网新闻信息服务，应当遵守本规定。

本规定所称新闻信息，是指时政类新闻信息，包括有关政治、经济、军事、外交等社会公共事务的报道、评论，以及有关社会突发事件的报道、评论。

本规定所称互联网新闻信息服务，包括通过互联网登载新闻信息、提供时政类电子公告服务和向公众发送时政类通讯信息。

第三条　互联网新闻信息服务单位从事互联网新闻信息服务，应当遵守宪法、法律和法规，坚持为人民服务、为社会主义服务的方向，坚持正确的舆论导向，维护国家利益和公共利益。

国家鼓励互联网新闻信息服务单位传播有益于提高民族素质、推动经济发展、促进社会进步的健康、文明的新闻信息。

第四条　国务院新闻办公室主管全国的互联网新闻信息服务监督管理工作。省、自治区、直辖市人民政府新闻办公室负责本行政区域内的互联网新闻信息服务监督管理工作。

第二章　互联网新闻信息服务单位的设立

第五条　互联网新闻信息服务单位分为以下三类：

（一）新闻单位设立的登载超出本单位已刊登播发的新闻信息、提供时政类电子公告服务、向公众发送时政类通讯信息的互联网新闻信息服务单位；

（二）非新闻单位设立的转载新闻信息、提供时政类电子公告服务、向公众发送时政类通讯信息的互联网新闻信息服务单位；

（三）新闻单位设立的登载本单位已刊登播发的新闻信息的互联网新闻信息服务单位。

根据《国务院对确需保留的行政审批项目设定行政许可的决定》和有关行政法规，设立前款第（一）项、第（二）项规定的互联网新闻信息服务单位，应当经国务院新闻办公室审批。

设立本条第一款第（三）项规定的互联网新闻信息服务单位，应当向国务院新闻办公室或者省、自治区、直辖市人民政府新闻办公室备案。

第六条　新闻单位与非新闻单位合作设立互联网新闻信息服务单位，新闻单位拥有的股权不低于 51%的，视为新闻单位设立互联网新闻信息服务单位；新闻单位拥有的股权低于 51%的，视为非新闻单位设立互联网新闻信息服务单位。

第七条　设立本规定第五条第一款第（一）项规定的互联网新闻信息服务单位，应当具备下列条件：

（一）有健全的互联网新闻信息服务管理规章制度；

（二）有 5 名以上在新闻单位从事新闻工作 3 年以上的专职新闻编辑人员；

（三）有必要的场所、设备和资金，资金来源应当合法。

可以申请设立前款规定的互联网新闻信息服务单位的机构，应当是中央新闻单位，省、自治区、直辖市直属新闻单位，以及省、自治区人民政府所在地的市直属新闻单位。

审批设立本条第一款规定的互联网新闻信息服务单位，除应当依照本条规定条件外，还应当符合国务院新闻办公室关于互联网新闻信息服务行业发展的总量、结构、布局的要求。

第八条　设立本规定第五条第一款第（二）项规定的互联网新闻信息服务单位，除应当具备本规定第七条第一款第（一）项、第（三）项规定条件外，还应当有 10 名以上专职新闻编辑人员；其中，在新闻单位从事新闻工作 3 年以上的新闻编辑人员不少于 5 名。

可以申请设立前款规定的互联网新闻信息服务单位的组织，应当是依法设立 2 年以上的从事互联网信息服务的法人，并在最近 2 年内没有因违反有关互联网信息服务管理的法律、法规、规章的规定受到行政处罚；申请组织为企业法人的，注册资本应当不低于 1000 万元人民币。

审批设立本条第一款规定的互联网新闻信息服务单位，除应当依照本条规定条件外，还应当符合国务院新闻办公室关于互联网新闻信息服务行业发展的总量、结构、布局的要求。

第九条　任何组织不得设立中外合资经营、中外合作经营和外资经营的互联网新闻信息服务单位。

互联网新闻信息服务单位与境内外中外合资经营、中外合作经营和外资经营的企业进行涉及互联网新闻信息服务业务的合作，应当报经国务院新闻办公室进行安全评估。

第十条　申请设立本规定第五条第一款第（一）项、第（二）项规定的互联网新闻信息服务单位，应当填写申请登记表，并提交下列材料：

（一）互联网新闻信息服务管理规章制度；

（二）场所的产权证明或者使用权证明和资金的来源、数额证明；

（三）新闻编辑人员的从业资格证明。

申请设立本规定第五条第一款第（一）项规定的互联网新闻信息服务单位的机构，还应当提交新闻单位资质证明；申请设立本规定第五条第一款第（二）项规定的互联网新闻信息服务单位的组织，还应当提交法人资格证明。

第十一条　申请设立本规定第五条第一款第（一）项、第（二）项规定的互联网新闻信息服务单位，中央新闻单位应当向国务院新闻办公室提出申请；省、自治区、直辖市直属新闻单位和省、自治区人民政府所在地的市直属新闻单位以及非新闻单位应当通过所在地省、自治区、直辖市人民政府新闻办公室向国务院新闻办公室提出申请。

通过省、自治区、直辖市人民政府新闻办公室提出申请的，省、自治区、直辖市人民政府新闻办公室应当自收到申请之日起20日内进行实地检查，提出初审意见报国务院新闻办公室；国务院新闻办公室应当自收到初审意见之日起 40 日内作出决定。向国务院新闻办公室提出申请的，国务院新闻办公室应当自收到申请之日起 40 日内进行实地检查，作出决定。批准的，发给互联网新闻信息服务许可证；不批准的，应当书面通知申请人并说明理由。

第十二条　本规定第五条第一款第（三）项规定的互联网新闻信息服务单位，属于中央新闻单位设立的，应当自从事互联网新闻信息服务之日起 1 个月内向国务院新闻办公室备案；属于其他新闻单位设立的，应当自从事互联网新闻信息服务之日起 1 个月内向所在地省、自治区、直辖市人民政府新闻办公室备案。

办理备案时，应当填写备案登记表，并提交互联网新闻信息服务管理规章制度和新闻单位资质证明。

第十三条　互联网新闻信息服务单位依照本规定设立后，应当依照有关互联网信息服务管理的行政法规向电信主管部门办理有关手续。

第十四条　本规定第五条第一款第（一）项、第（二）项规定的互联网新闻信息服务单位变更名称、住所、法定代表人或者主要负责人、股权构成、服务项目、网站网址等事项的，应当向国务院新闻办公室申请换发互联网新闻信息服务许可证。根据电信管理的有关规定，需报电信主管部门批准或者需要电信主管部门办理许可证或者备案变更手续的，依照有关规定办理。

本规定第五条第一款第（三）项规定的互联网新闻信息服务单位变更名称、住所、法定代表人或者主要负责人、股权构成、网站网址等事项的，应当向原备案机关重新备案；但是，股权构成变更后，新闻单位拥有的股权低于 51%的，应当依照本规定办理许可手续。根据电信管理的有关规定，需报电信主管部门批准或者需要电信主管部门办理许可证或者备案变更手续的，依照有关规定办理。

第三章　互联网新闻信息服务规范

第十五条　互联网新闻信息服务单位应当按照核定的服务项目提供互联网新闻信息服务。

第十六条　本规定第五条第一款第（一）项、第（二）项规定的互联网新闻信息服务单位，转载新闻信息或者向公众发送时政类通讯信息，应当转载、发送中央新闻单位或者省、自治区、直辖市直属新闻单位发布的新闻信息，并应当注明新闻信息来源，不得歪曲原新闻信息的内容。

本规定第五条第一款第（二）项规定的互联网新闻信息服务单位，不得登载自行采编的新闻信息。

第十七条　本规定第五条第一款第（一）项、第（二）项规定的互联网新闻信息服务单位转载新闻信息，应当与中央新闻单位或者省、自治区、直辖市直属新闻单位签订书面协议。中央新闻单位设立的互联网新闻信息服务单位，应当将协议副本报国务院新闻办公室备案；其他互联网新闻信息服务单位，应当将协议副本报所在地省、自治区、直辖市人民政府新闻办公室备案。

中央新闻单位或者省、自治区、直辖市直属新闻单位签订前款规定的协议，应当核验对方的互联网新闻信息服务许可证，不得向没有互联网新闻信息服务许可证的单位提供新闻信息。

第十八条　中央新闻单位与本规定第五条第一款第（二）项规定的互联网新闻信息服务单位开展除供稿之外的互联网新闻业务合作，应当在开展合作业务10日前向国务院新闻办公室报告；其他新闻单位与本规定第五条第一款第（二）项规定的互联网新闻信息服务单位开展除供稿之外的互联网新闻业务合作，应当在开展合作业务10日前向所在地省、自治区、直辖市人民政府新闻办公室报告。

第十九条　互联网新闻信息服务单位登载、发送的新闻信息或者提供的时政类电子公告服务，不得含有下列内容：

（一）违反宪法确定的基本原则的；

（二）危害国家安全，泄露国家秘密，颠覆国家政权，破坏国家统一的；

（三）损害国家荣誉和利益的；

（四）煽动民族仇恨、民族歧视，破坏民族团结的；

（五）破坏国家宗教政策，宣扬邪教和封建迷信的；

（六）散布谣言，扰乱社会秩序，破坏社会稳定的；

（七）散布淫秽、色情、赌博、暴力、恐怖或者教唆犯罪的；

（八）侮辱或者诽谤他人，侵害他人合法权益的；

（九）煽动非法集会、结社、游行、示威、聚众扰乱社会秩序的；

（十）以非法民间组织名义活动的；

（十一）含有法律、行政法规禁止的其他内容的。

第二十条　互联网新闻信息服务单位应当建立新闻信息内容管理责任制度。不得登载、发送含有违反本规定第三条第一款、第十九条规定内容的新闻信息；发现提供的时政类电子公告服务中含有违反本规定第三条第一款、第十九条规定内容的，应当立即删除，保存有关记录，并在有关部门依法查询时予以提供。

第二十一条　互联网新闻信息服务单位应当记录所登载、发送的新闻信息内容及其时间、互联网地址，记录备份应当至少保存60日，并在有关部门依法查询时予以提供。

第四章　监督管理

第二十二条　国务院新闻办公室和省、自治区、直辖市人民政府新闻办公室，依法对互联网新闻信息服务单位进行监督检查，有关单位、个人应当予以配合。

国务院新闻办公室和省、自治区、直辖市人民政府新闻办公室的工作人员依法进行实地检查时，应当出示执法证件。

第二十三条　国务院新闻办公室和省、自治区、直辖市人民政府新闻办公室，应当对互联网新闻信息服务进行监督；发现互联网新闻信息服务单位登载、发送的新闻信息或者提供的时政类电子公告服务中含有违反本规定第三条第一款、第十九条规定内容的，应当通知其删除。互联网新闻信息服务单位应当立即删除，保存有关记录，并在有关部门依法查询时予以提供。

第二十四条　本规定第五条第一款第（一）项、第（二）项规定的互联网新闻信息服务单位，属于中央新闻单位设立的，应当每年在规定期限内向国务院新闻办公室提交年度业务报告；属于其他新闻单位或者非新闻单位设立的，应当每年在规定期限内通过所在地省、自治区、直辖市人民政府新闻办公室向国务院新闻办公室提交年度业务报告。

国务院新闻办公室根据报告情况，可以对互联网新闻信息服务单位的管理制度、人员资质、服务内容等进行检查。

第二十五条　互联网新闻信息服务单位应当接受公众监督。

国务院新闻办公室应当公布举报网站网址、电话，接受公众举报并依法处理；属于其他部门职责范围的举报，应当移交有关部门处理。

第五章　法律责任

第二十六条　违反本规定第五条第二款规定，擅自从事互联网新闻信息服务，或者违反本规定第十五条规定，超出核定的服务项目从事互联网新闻信息服务的，由国务院新闻办公室或者省、自治区、直辖市人民政府新闻办公室依据各自职权责令停止违法活动，并处1万元以上3万元以下的罚款；情节严重的，由电信主管部门根据国务院新闻办公室或者省、自治区、直辖市人民政府新闻办公室的书面认定意见，按照有关互联网信息服务管理的行政法规的规定停止其互联网信息服务或者责令互联网接入服务者停止接入服务。

第二十七条　互联网新闻信息服务单位登载、发送的新闻信息含有本规定第十九条禁止内容，或者拒不履行删除义务的，由国务院新闻办公室或者省、自治区、直辖市人民政府新闻办公室给予警告，可以并处1万元以上3万元以下的罚款；情节严重的，由电信主管部门根据有关主管部门的书面认定意见，按照有关互联网信息服务管理的行政法规的规定停止其互联网信息服务或者责令互联网接入服务者停止接入服务。

互联网新闻信息服务单位登载、发送的新闻信息含有违反本规定第三条第一款规定内容的，由国务院新闻办公室或者省、自治区、直辖市人民政府新闻办公室依据各自职权依照前款规定的处罚种类、幅度予以处罚。

第二十八条　违反本规定第十六条规定，转载来源不合法的新闻信息、登载自行采编的新闻信息或者歪曲原新闻信息内容的，由国务院新闻办公室或者省、自治区、直辖市人民政府新闻办公室依据各自职权责令改正，给予警告，并处5000元以上3万元以下的罚款。

违反本规定第十六条规定，未注明新闻信息来源的，由国务院新闻办公室或者省、自治区、直辖市人民政府新闻办公室依据各自职权责令改正，给予警告，可以并处5000元以上2万元以下的罚款。

第二十九条　违反本规定有下列行为之一的，由国务院新闻办公室或者省、自治区、直辖市人民政府新闻办公室依据各自职权责令改正，给予警告，可以并处3万元以下的罚款：

（一）未履行备案义务的；

（二）未履行报告义务的；

（三）未履行记录、记录备份保存或者提供义务的。

第三十条　违反本规定第十七条第二款规定，向没有互联网新闻信息服务许可证的单位提供新闻信息的，对负有责任的主管人员和其他直接责任人员依法给予行政处分。

第三十一条　国务院新闻办公室和省、自治区、直辖市人民政府新闻办公室以及电信主管部门的工作人员，玩忽职守、滥用职权、徇私舞弊，造成严重后果，构成犯罪的，依法追究刑事责任；尚不构成犯罪的，对负有责任的主管人员和其他直接责任人员依法给予行政处分。

第六章　附则

第三十二条　本规定所称新闻单位是指依法设立的报社、广播电台、电视台和通讯社；其中，中央新闻单位包括中央国家机关各部门设立的新闻单位。

第三十三条　本规定自公布之日起施行。

A.4 《中华人民共和国电子签名法》

《中华人民共和国电子签名法》

（2004年8月28日第十届全国人民代表大会常务委员会第十一次会议通过）

目　录

第一章 总则

第一条　为了规范电子签名行为，确立电子签名的法律效力，维护有关各方的合法权益，制定本法。

第二条　本法所称电子签名，是指数据电文中以电子形式所含、所附用于识别签名人身份并表明签名人认可其中内容的数据。

本法所称数据电文，是指以电子、光学、磁或者类似手段生成、发送、接收或者储存的信息。

第三条　民事活动中的合同或者其他文件、单证等文书，当事人可以约定使用或者不使用电子签名、数据电文。

当事人约定使用电子签名、数据电文的文书，不得仅因为其采用电子签名、数据电文的形式而否定其法律效力。

前款规定不适用下列文书：

（一）涉及婚姻、收养、继承等人身关系的；

（二）涉及土地、房屋等不动产权益转让的；

（三）涉及停止供水、供热、供气、供电等公用事业服务的；

（四）法律、行政法规规定的不适用电子文书的其他情形。

第二章　数据电文

第四条　能够有形地表现所载内容，并可以随时调取查用的数据电文，视为符合法律、法规要求的书面形式。

第五条　符合下列条件的数据电文，视为满足法律、法规规定的原件形式要求：

（一）能够有效地表现所载内容并可供随时调取查用；

（二）能够可靠地保证自最终形成时起，内容保持完整、未被更改。但是，在数据电文上增加背书以及数据交换、储存和显示过程中发生的形式变化不影响数据电文的完整性。

第六条　符合下列条件的数据电文，视为满足法律、法规规定的文件保存要求：

（一）能够有效地表现所载内容并可供随时调取查用；

（二）数据电文的格式与其生成、发送或者接收时的格式相同，或者格式不相同但是能够准确表现原来生成、发送或者接收的内容；

（三）能够识别数据电文的发件人、收件人以及发送、接收的时间。

第七条　数据电文不得仅因为其是以电子、光学、磁或者类似手段生成、发送、接收或者储存的而被拒绝作为证据使用。

第八条　审查数据电文作为证据的真实性，应当考虑以下因素：

（一）生成、储存或者传递数据电文方法的可靠性；

（二）保持内容完整性方法的可靠性；

（三）用以鉴别发件人方法的可靠性；

（四）其他相关因素。

第九条　数据电文有下列情形之一的，视为发件人发送：

（一）经发件人授权发送的；

（二）发件人的信息系统自动发送的；

（三）收件人按照发件人认可的方法对数据电文进行验证后结果相符的。

当事人对前款规定的事项另有约定的，从其约定。

第十条　法律、行政法规规定或者当事人约定数据电文需要确认收讫的，应当确认收讫。发件人收到收件人的收讫确认时，数据电文视为已经收到。

第十一条　数据电文进入发件人控制之外的某个信息系统的时间，视为该数据电文的发送时间。

收件人指定特定系统接收数据电文的，数据电文进入该特定系统的时间，视为该数据电文的接收时间；未指定特定系统的，数据电文进入收件人的任何系统的首次时间，视为该数据电文的接收时间。

当事人对数据电文的发送时间、接收时间另有约定的，从其约定。

第十二条　发件人的主营业地为数据电文的发送地点，收件人的主营业地为数据电文的接收地点。没有主营业地的，其经常居住地为发送或者接收地点。

当事人对数据电文的发送地点、接收地点另有约定的，从其约定。

第三章　电子签名与认证

第十三条　电子签名同时符合下列条件的，视为可靠的电子签名：

（一）电子签名制作数据用于电子签名时，属于电子签名人专有；

（二）签署时电子签名制作数据仅由电子签名人控制；

（三）签署后对电子签名的任何改动能够被发现；

（四）签署后对数据电文内容和形式的任何改动能够被发现。

当事人也可以选择使用符合其约定的可靠条件的电子签名。

第十四条　可靠的电子签名与手写签名或者盖章具有同等的法律效力。

第十五条　电子签名人应当妥善保管电子签名制作数据。电子签名人知悉电子签名制作数据已经失密或者可能已经失密时，应当及时告知有关各方，并终止使用该电子签名制作数据。

第十六条　电子签名需要第三方认证的，由依法设立的电子认证服务提供者提供认证服务。

第十七条　提供电子认证服务，应当具备下列条件：

（一）具有与提供电子认证服务相适应的专业技术人员和管理人员；

（二）具有与提供电子认证服务相适应的资金和经营场所；

（三）具有符合国家安全标准的技术和设备；

（四）具有国家密码管理机构同意使用密码的证明文件；

（五）法律、行政法规规定的其他条件。

第十八条　从事电子认证服务，应当向国务院信息产业主管部门提出申请，并提交符合本法第十七条规定条件的相关材料。国务院信息产业主管部门接到申请后经依法审查，征求国务院商务主管部门等有关部门的意见后，自接到申请之日起四十五日内作出许可或者不予许可的决定。予以许可的，颁发电子认证许可证书；不予许可的，应当书面通知申请人并告知理由。

申请人应当持电子认证许可证书依法向工商行政管理部门办理企业登记手续。

取得认证资格的电子认证服务提供者，应当按照国务院信息产业主管部门的规定在互联网上公布其名称、许可证号等信息。

第十九条　电子认证服务提供者应当制定、公布符合国家有关规定的电子认证业务规则，并向国务院信息产业主管部门备案。

电子认证业务规则应当包括责任范围、作业操作规范、信息安全保障措施等事项。

第二十条　电子签名人向电子认证服务提供者申请电子签名认证证书，应当提供真实、完整和准确的信息。

电子认证服务提供者收到电子签名认证证书申请后，应当对申请人的身份进行查验，并对有关材料进行审查。

第二十一条　电子认证服务提供者签发的电子签名认证证书应当准确无误，并应当载明下列内容：

（一）电子认证服务提供者名称；

（二）证书持有人名称；

（三）证书序列号；

（四）证书有效期；

（五）证书持有人的电子签名验证数据；

（六）电子认证服务提供者的电子签名；

（七）国务院信息产业主管部门规定的其他内容。

第二十二条　电子认证服务提供者应当保证电子签名认证证书内容在有效期内完整、准确，并保证电子签名依赖方能够证实或者了解电子签名认证证书所载内容及其他有关事项。

第二十三条　电子认证服务提供者拟暂停或者终止电子认证服务的，应当在暂停或者终止服务九十日前，就业务承接及其他有关事项通知有关各方。

电子认证服务提供者拟暂停或者终止电子认证服务的，应当在暂停或者终止服务六十日前向国务院信息产业主管部门报告，并与其他电子认证服务提供者就业务承接进行协商，作出妥善安排。

电子认证服务提供者未能就业务承接事项与其他电子认证服务提供者达成协议的，应当申请国务院信息产业主管部门安排其他电子认证服务提供者承接其业务。

电子认证服务提供者被依法吊销电子认证许可证书的，其业务承接事项的处理按照国务院信息产业主管部门的规定执行。

第二十四条　电子认证服务提供者应当妥善保存与认证相关的信息，信息保存期限至少为电子签名认证证书失效后五年。

第二十五条　国务院信息产业主管部门依照本法制定电子认证服务业的具体管理办法，对电子认证服务提供者依法实施监督管理。

第二十六条　经国务院信息产业主管部门根据有关协议或者对等原则核准后，中华人民共和国境外的电子认证服务提供者在境外签发的电子签名认证证书与依照本法设立的电子认证服务提供者签发的电子签名认证证书具有同等的法律效力。

第四章　法律责任

第二十七条　电子签名人知悉电子签名制作数据已经失密或者可能已经失密未及时告知有关各方、并终止使用电子签名制作数据，未向电子认证服务提供者提供真实、完整和准确的信息，或者有其他过错，给电子签名依赖方、电子认证服务提供者造成损失的，承担赔偿责任。

第二十八条　电子签名人或者电子签名依赖方因依据电子认证服务提供者提供的电子签名认证服务从事民事活动遭受损失，电子认证服务提供者不能证明自己无过错的，承担赔偿责任。

第二十九条　未经许可提供电子认证服务的，由国务院信息产业主管部门责令停止违法行为；有违法所得的，没收违法所得；违法所得三十万元以下的，处违法所得一倍以上三倍以下的罚款；没有违法所得或者违法所得不足三十万元的，处十万元以上三十万元以下的罚款。

第三十条　电子认证服务提供者暂停或者终止电子认证服务，未在暂停或者终止服务六十日前向国务院信息产业主管部门报告的，由国务院信息产业主管部门对其直接负责的主管人员处一万元以上五万元以下的罚款。

第三十一条　电子认证服务提供者不遵守认证业务规则、未妥善保存与认证相关的信息，或者有其他违法行为的，由国务院信息产业主管部门责令限期改正；逾期未改正的，吊销电子认证许可证书，其直接负责的主管人员和其他直接责任人员十年内不得从事电子认证服务。吊销电子认证许可证书的，应当予以公告并通知工商行政管理部门。

第三十二条　伪造、冒用、盗用他人的电子签名，构成犯罪的，依法追究刑事责任；给他人造成损失的，依法承担民事责任。

第三十三条　依照本法负责电子认证服务业监督管理工作的部门的工作人员，不依法履行行政许可、监督管理职责的，依法给予行政处分；构成犯罪的，依法追究刑事责任。

第五章　附则

第三十四条　本法中下列用语的含义：

（一）电子签名人，是指持有电子签名制作数据并以本人身份或者以其所代表的人的名义实施电子签名的人；

（二）电子签名依赖方，是指基于对电子签名认证证书或者电子签名的信赖从事有关活动的人；

（三）电子签名认证证书，是指可证实电子签名人与电子签名制作数据有联系的数据电文或者其他电子记录；

（四）电子签名制作数据，是指在电子签名过程中使用的，将电子签名与电子签名人可靠地联系起来的字符、编码等数据；

（五）电子签名验证数据，是指用于验证电子签名的数据，包括代码、口令、算法或者公钥等。

第三十五条　国务院或者国务院规定的部门可以依据本法制定政务活动和其他社会活动中使用电子签名、数据电文的具体办法。

第三十六条　本法自 2005 年 4 月 1 日起施行。

A.5　实训任务

A.5.1　实训任务 1：商家供货合同的编写

假设我们经营的一家 B2C 电子商务网站需要与供货商签订网上销售供货合同，请根据本章相关法律法规条款拟写一份网上销售供货合同，要求合同中应明确甲乙双方的权利与义务，规避网站方不必要的法律责任与风险，保障网站方业务开展中的商业利益。

A.5.2　实训任务 2：相关法律法规阅读

仔细解读最新版《中华人民共和国合同法》、《中华人民共和国公司法》、《中华人民共和国劳动法》，并着重记录和分析以上法律法规中与互联网、电子商务有关的条款。

参考文献

[1] 杨路明．网络营销．北京：机械工业出版社，2011．
[2] 王宏伟．网络营销．北京：北京大学出版社，2010．
[3] 史达．网络营销：上海交通大学出版社，2010．
[4] 邓少灵．网络营销学：中山大学出版社，2009．
[5] 林景新．实战网络营销：暨南大学出版社，2009．
[6] 李蔚田、杨雪、孙恒有．网络营销实务．北京：北京大学出版社，2009．
[7] 刘茂福．网络营销理论与实务．北京：清华大学出版社，2007．
[8] 袁声莉．网络营销．武汉：武汉大学出版社，2007．
[9] 王通．搜索引擎营销秘笈．北京：电子工业出版社，2006．
[10] 吕英斌．网络营销案例评析．北京：清华大学出版社，2006．
[11] 张忠林．电子商务概论．北京：机械工业出版社，2006．
[12] 屈云波．网络营销．北京：企业管理出版社，2006．
[13] 臧良运、崔连和．电子商务网站建设．北京：北京大学出版社，2009．
[14] 秦成德．电子商务法律与实务．北京：人民邮电出版社，2011，
[15] 王伟军、程蕾、娄策群．电子商务政策法规：华中师范大学出版社，2008．
[16] 李瑞．电子商务法．北京：电子工业出版社，2008．

反侵权盗版声明

举报电话：（010）88254396；（010）88258888
传　　真：（010）88254397
E-mail：　dbqq@phei.com.cn
通信地址：北京市万寿路 173 信箱
　　　　　电子工业出版社总编办公室
邮　　编：100036